PARMÉNIDE

FRAGMENTS *POÈME*

T0161165

BIBLIOTHÈQUE DES TEXTES PHILOSOPHIQUES

Fondateur : Henri GOUHIER   Directeur : Jean-François COURTINE

PARMÉNIDE

FRAGMENTS *POÈME*

précédé de

ÉNONCER LE VERBE *ÊTRE*

par

Magali ANNÉE

PARIS

LIBRAIRIE PHILOSOPHIQUE J. VRIN

6, Place de la Sorbonne, V ͤ

2012

© *Librairie Philosophique J. VRIN,* 2012
Imprimé en France
ISSN 0249-7972
ISBN 978-2-7116-2414-0

www.vrin.fr

Καλλίστῃ μου πεφατισμένον ἐστί

« Mais l'aversion du linguiste pour tout ce qu'il qualifie, sommairement, de "métaphysique" procède avant tout d'une conscience toujours plus vive de la spécificité formelle des faits linguistiques, à laquelle les philosophes ne sont pas assez sensibles. »

É. Benvéniste, « La philosophie analytique et le langage », dans *Problèmes de linguistique générale*, t. 1, Paris, Gallimard, 1966, p. 267.

AVERTISSEMENT

Ce qui est proposé, dans ce bref ouvrage, est avant toute chose un commentaire linguistique du poème de Parménide. Aussi est-ce pourquoi c'est par lui qu'il commence. Comme on peut s'y attendre, c'est le fragment 8 DK qui y est le plus sollicité. Il ne fait pas, cependant, l'exclusivité.

Le texte des fragments, que l'on trouve à la suite du commentaire, n'est pas une édition critique. Consciente de la complexité d'une tradition où les variantes peuvent être imputables non seulement à l'inadvertance de quelques copistes, mais aussi, « dans le cas de Parménide, à des manipulations tendancieuses », à l'origine de « téléscopages »[1] bien connus des historiens de la philosophie, je me suis fiée pour l'essentiel à la dernière édition Diels-Kranz, toujours de référence, préférant cependant, comme d'autres, revenir parfois aux manuscrits.

Quant à la traduction, elle est nouvelle, comme peut l'être l'une des multiples traductions grammaticalement possibles, d'une langue poétique souvent linguistiquement ambigüe. Elle ne prétend donc à rien autre qu'à découler du commentaire, c'est-à-dire à laisser transparaître çà et là les rouages linguistiques du poème, révélé par celui-ci. C'est une traduction-substrat, en quelque sorte, qui courrait en deçà, sous, ou avec, les autres traductions possibles.

Que le Professeur Giuseppe Cambiano, qui, le premier, a manifesté de l'intérêt pour les analyses que j'ai menées, trouve ici toute ma reconnaissance. Je tiens aussi à remercier pour leur lecture attentive et leurs précieux conseils le Professeur Alain Blanc, mes deux directeurs de thèse, les Professeurs Charles de Lamberterie et Claude Calame, ainsi que le Professeur Martin Steinrück. Mais, mes plus profonds remerciements vont encore à l'accueil qu'a bien voulu faire à ce travail, le Professeur Jean-François Courtine.

---

1. O'Brien 1987b, p. 314-315 et 348.

PARMÉNIDE
ÉNONCER LE VERBE *ÊTRE*

Car il faut que les paroles restent pures.
(…) mais les paroles
Tombent dans le mouvement du monde irrattrapables
Rendant les choses connaissables ou méconnaissables [1].

Car ce sur quoi l'on finit toujours par achopper pour penser une chose et son contraire absolu et simultané, n'est jamais rien autre que le langage. À la fin de la pièce de Heiner Müller, un des Romains interroge : « Comment Horace doit-il être nommé à la postérité ? ». Horace, « l'un et indivisible auteur » d'actes différents, à la fois vainqueur de Curiace et assassin de sa sœur, Horace dont il n'est aucune langue qui puisse jamais nommer d'un seul souffle son mérite et sa faute. Pour un poète, le problème crucial n'est pas tant de penser ensemble, dans une simultanéité absolue, une chose et son contraire, l'être et le non-être, le vrai et le faux, que d'exprimer ce qui est immuablement un et multiple et toujours déjà là au moyen

---

1. H. Müller, « Horace », dans *Hamlet-machine*, Paris, Les Éditions de Minuit, 1979/1985, dans la traduction de Jean Jourdheuil et de Heinz Schwarzinger, p. 41.

de mots, ces ὀνόματα que semble discréditer Parménide[1], c'est-à-dire au moyen d'instruments vides et arbitraires, en perpétuel devenir dès l'instant qu'on les profère devant un destinataire donné[2] (φατίζω en B 8, 60 DK et πεφατισμένον en B 8, 35 DK). De même, pour un artisan de la langue grecque archaïque – qu'il fût « poète » ou « philosophe » –, le problème crucial n'était pas moins de donner aux mots un sens total dans le temps de leur profération, que de le conserver tel, inaltérable et toujours neuf à chaque énonciation, dans le flot même de la continuité du discours.

Les « Présocratiques », pour reprendre et rejeter immédiatement ce « terme d'importation philosophique inadéquat »[3], sont des savants *kosmologues*[4], des penseurs affirmant leur

---

1. Les deux occurrences du substantif, péjoratives, sont bien connues : B 8, 38 (DK) τῷ πάντ᾽ ὄνομ᾽ ἔσται et B 19, 3 (DK) τοῖς δ᾽ ὄνομ᾽ ἄνθρωποι κατέθεντ᾽ ἐπίσημον ἑκάστῳ. Elles dénoncent toutes deux la confusion faite par les mortels entre les choses et les noms qu'ils leur *sur*-apposent (ἐπί[σημον]) en guise de *signes* ([ἐπί]σημον). Le verbe ὀνομάζω apparaît deux fois, en B 8,53 (DK) et B 9, 1 (DK) dans le même contexte.

2. Pour Heiner Müller, il s'agit en effet de redonner au texte de théâtre toute sa coalescence sémantique, notamment en faisant fusionner les dimensions de sa double énonciation traditionnelle en une énonciation totale, intégrée à l'espace de sa réalisation.

3. *Cf.* Wersinger 2008, p. 7. L'expression « philosophie présocratique » semble être apparue pour la première fois en allemand, à la fin du XVIIIe siècle. Sur l'histoire de la construction de cette catégorie philosophique, voir Laks 2002.

4. Je reprends ici volontiers à mon compte la mise en garde d'A.-G. Wersinger dans son introduction, contre ce qu'on est convenu d'appeler « cosmologie », sans s'inquiéter de ce que les penseurs archaïques entendaient exactement par κόσμος, qui, dans ses emplois anciens, « exprim[e] l'ordre bien organisé, [et notamment] avec des valeurs militaires et politiques ». *Cf. DELG*, s. v. κόσμος, p. 549. Je laisse cependant de côté la conception de « l'harmonie des choses », qui ne concerne nullement mon propos.

savoir dans le contexte intellectuel foisonnant de la période qu'on appelle traditionnellement archaïque. À ce titre, ils sont avant tout des poètes, des ποιηταί, c'est-à-dire des artisans de la langue, héritant de tout le savoir-faire traditionnel des premiers aèdes, qu'ils choisissent – comme Empédocle ou Parménide – de composer en hexamètres dactyliques ou non. Leur mode commun de représentation du monde est totalisant, à l'image du fonctionnement sémantique de la langue archaï- que dont il dépend intimement. L'ambiguïté fondamentale et irréductible de la signification de certains termes, dont λόγος est l'exemple archétypal, révèle un principe unitaire de la pensée et un savoir traditionnel marqué par des articulations intrinsèquement polysémiques[1]. C'est pourquoi, le plus souvent, pour appréhender le sens d'une expression, il faut considérer « un ensemble d'usages qu'il est difficile d'analy- ser sous le mode de la congruence parfaite »[2]. La signifi- cation apparaît comme un échafaudage fragile et temporaire construit par le discours, un réseau de sens simultanés qui se chevauchent, se complètent et s'opposent sans cesse. Une telle coalescence sémantique rend nécessairement vaine toute fragmentation, toute décomposition structurale du sens. Face à elle, le discours moderne est pris au piège de son propre système, réglé par trop de cohérence et de rigidité. Dans le discours archaïque, la valeur sémantique d'un mot ou d'une expression constitue un ensemble unifié, forcément bigarré, qu'on ne saurait analyser en ses éléments sémiques sans la faire éclater et disparaître. Or, si le discours archaïque est par

---

Cf. Wersinger 2008, p. 9-10. Il n'est pas besoin de préciser que j'entends le nom « savant », au sens ancien de σοφοί.

1. Voir, notamment, Messina 2007, p. 14.

2. Delattre 2007, p. 504.

essence polysémique, il est nécessaire qu'un état de langue qui résulte d'un travail poétique indubitable le soit aussi, et à un degré de complexité qui dépasse l'usage commun [1].

En réservant, par habitude, l'étude de celui en qui l'on voit encore souvent le « père de l'ontologie » au domaine de la philosophie, on n'oublie pas forcément de resituer l'œuvre de Parménide dans son contexte d'énonciation, mais du moins l'occulte-t-on assez facilement [2]. Insistons donc encore sur le

1. Dans ses travaux, F. Bader met en évidence un mode de composition hérité qui repose sur ce qu'elle nomme un « feuilletage hermétique », c'est-à-dire des jeux d'homonymie et de superposition des valeurs sémantiques d'un même terme. Voir notamment Bader 2005.

2. Voir notamment, encore, Couloubaritsis 2008, qui continue de placer le poème parménidien dans la droite ligne des œuvres de Platon et d'Aristote sans tenir véritablement compte des circonstances pragmatiques de l'élaboration d'une telle œuvre. À côté de cette dernière réédition, il convient, toutefois, de souligner ici l'existence d'ouvrages comme celui de Ch. Robbiano (2006) ou de L. Atwood Wilkinson (2009) qui ont le mérite d'insister résolument sur le contexte culturel et sur la nature poétique d'une composition destinée à une performance orale. Selon L. Atwood Wilkinson, qui souligne notamment les effets communicatifs et pragmatiques que devaient avoir les sons et les gestes sur l'auditoire (voir p. 65-67), l'intention fondamentalement didactique de Parménide reposerait sur un processus de dissolution des références épiques nécessaire à la mise en évidence d'une nouvelle conception de la pensée (voir en particulier p. 96-100). Pour une édition qui entend tenir compte de l'entrelacement des dimensions poétiques et philosophiques, voir Coxon, McKirahan 2009, avec la remarque liminaire de M. Schofield, p. VIII : « we get a sense of the apparently dogmatic Parmenides always in conversation with Homer, Hesiod and others before him, and with a whole host of later philosophers from Melissus and Empedocle onwards ». Mais, bien qu'une attention, réelle et précise, y soit, en effet, portée à la langue poétique de Parménide et à sa « dette envers Homère » (voir p. 8, la liste des formes qui ne se trouvent pas dans l'*Iliade* et l'*Odyssée*, et p. 9-11, les onze passages homériques dont le poète-savant semble s'être inspiré), il faut toutefois noter la prédominance persistante d'une interprétation pythagorico-platonicienne en termes de « theoretical philosophy » (*cf.* notamment, p. 18 : « it does no more however than describe the approach to νόος ["mind"], and it is the exercise of this faculty, i.e. the

fait que ce dernier a composé un poème en hexamètres dactyliques[1] et que ce poème a certainement fait l'objet d'une performance orale, quand bien même eût-il été entièrement conçu et rédigé par écrit[2]. Ceci n'est pas sans conséquences pour l'interprétation du fameux développement sur le verbe *être*, quelle que soit l'originalité de son élaboration. Outre que les fragments appartiennent à un état de langue qui repose sur une spécialisation des significations linguistiques vraisemblablement différente de celle que nous connaissons, ils s'inscrivent aussi directement dans une *diction*[3] de tradition épique, caractérisée par des techniques et des jeux poétiques particuliers, dont l'efficacité repose essentiellement sur une

intellectual contemplation of Being (*cf.* fr. 6), which must be thought of as constituting for him the most authentic visionary experience »).

1. Ce qui, en l'inscrivant d'emblée dans le contexte de la poésie archaïque dans son ensemble, constitue, selon l'expression d'A. P. D. Mourelatos (2008, p. 1), « [the] key toward understanding the syntax and semantics… ».

2. Pour le contexte pragmatique pythagoricien, ou orphique, du poème, vraisemblablement composé par écrit pour un « cercle d'étude », voir Bollack 2006b, p. 58-59. Il conviendrait de nuancer cette dernière expression aux résonances quelque peu anachroniques. Comme C. Calame me l'a suggéré, les destinataires de compositions poétiques à caractère orphique ou pythagoricien, se réunissaient probablement dans des lieux très précis, comme pouvaient l'être, notamment, les sanctuaires des Muses. À propos de la question de l'écriture chez les savants « présocratiques », l'article de Ch. Palù (2005), qui en montre la complexité dans son rapport à « l'émergence de la philosophie », offre un questionnement particulièrement éclairant de la thèse d'E. A. Havelock (1966 et 1983). Voir aussi Atwood Wilkinson 2009 qui, en s'appuyant sur l'idée que l'épopée représente une sorte de préhistoire de l'écriture (p. 11-12), entend pouvoir identifier ce qui relève de l'écrit et ce qui ressortit davantage de la tradition orale.

3. J'entends par *diction*, d'une part l'adaptation d'une langue poétique, reposant sur un lexique particulier fondamentalement caractérisé par un « feuilletage » sémantique, à un mode métrique qui lui confère un fonctionnement plus ou moins formulaire ; et, d'autre part la réalisation pragmatique de cette langue au sein de la communauté de ses destinataires.

profération orale, de quelque nature que ce soit. Dans ces conditions, il semble difficile d'aborder le poème parménidien, et la pensée qui s'y déploie, avec les «concepts» philosophiques qui sont les nôtres.

Une lecture trop philosophique, et de surcroît ontologiquement orientée, des pages d'É. Benveniste consacrées au verbe *être* grec et « aux magnifiques images du poème de Parménide» auxquelles il fait allusion, peut facilement laisser à penser qu'une réflexion ontologique est nécessairement concomitante, dans ce poème, de l'apparition du participe substantivé, τὸ ἐόν[1]. Il me semble, cependant, que c'est peut-être sur-interpréter la perspective essentiellement historique du linguiste dont il ne cache pas qu'elle est marquée, comme on le sait, par les œuvres de Platon et d'Aristote. Il ne fait, en outre, nullement mention du participe, mais des formes, plus tardives, du substantif féminin abstrait, déverbatif d'εἶναι[2]. Le poème de Parménide n'appartient pas au même contexte intellectuel et ne se situe pas non plus exactement dans le même état de langue que le *Sophiste* ou les traités d'Aristote. Le développement parménidien sur l'*être* repose non seulement sur un fait de langue (le verbe *être* qui, commun à la plupart des langues indo-européennes et représenté par la racine $*h_1 es$-, est polyfonctionnel et notionnellement substi-

1. C'est encore, d'une certaine manière, ce que fait, après d'autres, B. Cassin en déclarant s'inspirer d'une lecture de J. Derrida. *Cf.* Cassin 1998, p. 23-29, et n. 3, p. 23.

2. *Cf.* Benveniste 1966b. C'est à la p. 71 qu'il est question de Parménide, mais on est prévenu depuis la p. 65 que c'est «sans souci de technicité philosophique». Si le linguiste affirme, p. 73, que «c'est bien d'une réflexion philosophique sur l'«être» qu'est issu le substantif abstrait dérivé de εἶναι», c'est surtout pour reconnaître simplement que «la structure linguistique du grec prédisposait la notion d'«être» à une vocation philosophique», vocation qui ne correspond jamais qu'à un «état linguistique donné» bien précis.

tuable, si l'on peut dire, à tous les prédicats[1]), mais aussi sur un fonctionnement poétique archaïque de la langue grecque, caractérisé, en particulier, par des jeux étymologiques et phoniques, des couples homonymiques ou synonymiques, des superpositions de sens, au sein d'une structure qui, peut-être au moyen de l'écriture, va se resserrant et s'affinant.

L'élaboration singulière du verbe *être*, dans le poème de Parménide, qui a dû frapper jusqu'à ses contemporains mêmes[2], participe vraisemblablement d'un tel fonctionnement. Son déploiement tant syntaxique que sémantique et morphologique lui confère indéniablement une place fondamentale, partant un rôle clé, dans l'économie du discours d'ensemble. Ce qu'on désigne habituellement comme l'«ontologie» de Parménide, et que je me contenterai d'appeler «développement sur l'*être*», constitue, en effet, la première partie d'une longue composition poétique dont la seconde partie, beaucoup plus importante, dépend[3]. S'il est vrai, comme le prétend P. Aubenque, que «personne n'a jamais contesté que l'interprétation de la première partie commandait

1. C'est le fait que ce verbe contienne la notion d'«être» qui fait dire à É. Benveniste que «sans être un prédicat lui-même, l'"être" est la condition de tous les prédicats». *Cf.* Benveniste 1966b, p. 70.

2. Ce que l'on peut supposer s'il est vrai que sa *kosmologie* a pu exercer une influence, en particulier, sur le système «physique» d'Empédocle, d'Anaxagore et de Démocrite. *Cf.* Aubenque 1987, p. 102. Plus généralement, sur les «épigones» et les «successeurs» de Parménide, voir le développement de G. Calogero (1967, p. 151-153), ainsi que l'ouvrage de P. Curd (2004).

3. On sait qu'à travers les fragments qui nous sont parvenus, le poème de Parménide se compose d'un prologue de 32 vers, d'une première partie d'environ 80 vers dont on peut penser qu'elle est presque complète, et d'une seconde dont la quarantaine de vers ne doit constituer qu'un dixième, ou moins encore, de ce qu'elle représentait à l'origine. *Cf.* Aubenque 1987, p. 103, n. 4.

celle de la seconde»[1], il n'est, à ma connaissance, que
J. Bollack[2], qui ait proposé d'y voir le moyen stratégique
de fonder un discours *kosmologique* à partir d'un langage
concentré sur lui-même. De fait, les emplois du verbe *être*
dans chacune de ses réalisations morphologiques différentes,
incitent d'eux-mêmes à une approche purement linguistique
du poème, loin de la «surdétermination philosophique»
qui empêche d'aborder le texte qui nous est parvenu avec
innocence[3]. Car la pensée qu'on y découvre, ne s'élabore
fondamentalement que par le discours *en train* de se faire.
Aussi laisserai-je volontairement de côté et le sens et la pensée
«ontologiques» du verbe *être*, qui accompagnent certainement[4] son emploi dans le poème parménidien, pour me
concentrer sur la fonction énonciative que ses valeurs séman-

---

1. *Cf.* Aubenque 1987, p. 103. En ce qui concerne la structure du poème
parménidien, voir la note 4 de la même page. Les fragments nous permettent de
reconstituer un proème de 32 vers introduisant un premier développement de 78
vers sur l'*être*, dont la cohérence laisse penser qu'il nous est parvenu dans sa
presque intégralité ; celui-ci, enfin, est suivi d'un second ensemble, dont la
quarantaine de vers ne représenterait au mieux que le dixième du texte initial.

2. Dans son article de 1957, il montre déjà que le fragment 4 et le fragment
16, appartenant tous deux au discours *kosmologique*, se complètent parfaitement pour mettre en évidence la cohérence du tout. La *kosmologie* parménidienne reflèterait au sein de l'apparence l'unité de l'être définie dans la
première partie, et rendrait ainsi possible une expérience commune de l'être
«au-delà des noms qui cachent ce qui est». Voir Bollack 1957, en particulier,
p. 64-65 et 70.

3. *Cf.* Wersinger 2008, p. 14.

4. Qu'on me permette néanmoins de relativiser cette affirmation en
rappelant, avec P. Aubenque, que l'orientation «onto-logique» des réflexions
savantes reste un phénomène assez isolé «non seulement dans l'histoire de la
pensée en général (…) mais même dans la pensée grecque». Ce n'est en fait que
chez Platon et Aristote, qui sont pour beaucoup dans notre lecture de
Parménide, que celle-ci est explicite. *Cf.* Aubenque 1987, p. 103-104.

tiques et son amplitude morphologique semblent signaler au destinataire comme autant d'indices linguistiques.

Désigné, par l'intermédiaire de la comparaison avec une « sphère bien ronde », moins comme une entité sphérique que comme un élément partout présent du centre à la périphérie, le verbe *être* occupe en effet tout l'espace du discours, comme une totalité *métamorphique* et *holosémantique*, termes choisis pour faire écho à une conception « unitaire » du langage[1], et qui s'expliqueront dans les pages qui suivent. C'est pourquoi je m'efforcerai, autant que possible, de ne pas distinguer les valeurs, ou les fonctions, de ce verbe au fonctionnement si particulier dans les langues indo-européennes, et en considérerai toutes les occurrences dans le poème sans leur attacher d'emblée aucune valeur prédéterminée. De cette sorte aussi, je les écrirai toujours sous leur forme enclitique, laquelle, en tant que forme originelle du verbe indo-européen et conventionnellement non marquée, a l'avantage de rester vierge de toute pré-interprétation[2].

---

1. J. Bollack (2006a, p. 49) souligne, en effet, que « la reconstitution unitaire du langage » constitue l'objet essentiel du poème de Parménide.

2. On sait que la codification de l'accentuation des textes grecs, fruit du long travail des savants alexandrins, n'apparaît qu'assez tardivement. Pour la forme de 3ᵉS du verbe *être*, ἐστι, « les usages sont compliqués et toujours flottants ». *Cf.* Lejeune 1945, p. 47-48, § 51, et en particulier n. 1, p. 47. Mais surtout, elle « correspond toujours au choix des interprètes », comme le souligne B. Cassin, sans pour autant laisser d'affirmer l'originalité du sien en 8, 35. *Cf.* Cassin 1998, p. 121 et p. 160-165 pour sa lecture de 8, 35. A. H. Coxon est un des rares à avoir revendiqué, pour ἐστι, une accentuation strictement conforme à la règle, formulée par Hérodien, de sa position syntaxique par rapport aux autres mots de la phrase (voir Coxon, McKirahan 2009, p. XIII-XIV). Mais, la tradition interprétative de Parménide est telle qu'il me semble même opportun de ne jamais marquer graphiquement cette forme verbale, dans le poème – quitte à contrevenir à la règle (voir la toute première note au texte du fr. 1, p. 150) –, afin d'abolir réellement toute pré-interprétation, qu'une

Ainsi est-ce une analyse résolument linguistique que j'entends mener dans les pages qui suivent, au plus près des fragments et des leçons des manuscrits qui nous les ont transmis[1], dans la couche linguistique et poétique sous-jacente du discours de Parménide, constituée, pour ainsi dire, par la chair même des unités de la langue. Résolument linguistique, anthropologique également, mais d'un point de vue encore linguistique et certainement pas philosophique. C'est-à-dire tout à fait en-deçà, d'abord, de toute réflexion ontologique, y compris des interprétations, tant de B. Cassin, que de J. Bollack, ou d'A.-G. Wersinger, qui, chacune à leur façon, tentent pourtant de « déheideggeriser » Parménide[2], mais en-

accentuation purement grammaticale reste toujours susceptible de masquer. J'ajouterai, enfin, que la forme enclitique correspond à l'emploi normal des verbes dans les langues indo-européennes.

1. Je ne rentrerai pas dans les problèmes complexes que posent inévitablement la tradition et l'établissement du texte, « émaillé de variantes », de l'Éléate. Consciente que ces variantes sont imputables non seulement à l'inadvertance de quelques copistes, mais aussi, « dans le cas de Parménide, à des manipulations tendancieuses », à l'origine de « téléscopages » bien connus des historiens de la philosophie, je me fierai pour l'essentiel à la dernière édition Diels-Kranz, toujours de référence. Sur ces questions, je me contente de renvoyer à Cordero 1987 et O'Brien 1987b, p. 314-315 et 348 pour les citations. À titre d'exemple, pour le vers B 6, 3 (DK) voir Cordero 1997, p. 234-236.

2. L'expression est de J. Bollack (2006b, p. 39). Pour ce dernier, énoncer « est », « point de réduction central » qui ne fait référence qu'à soi seul, permet de purifier le langage afin de construire un *kosmos*. *Cf*. Bollack 2006b, p. 42-45. Mais il faut toutefois remarquer que si celui-ci entend « déheideggeriser » Parménide, c'est en refaisant aussi « le Parménide de Heidegger » pour rendre au poète-savant « la parole qui lui a été ravie ». A.-G. Wersinger tombe d'accord avec son interprétation, tout en insistant sur le participe « étant », en tant que « phrase propositionnelle » exemplaire et « liant » fondamental du discours, qui fonde, analogiquement, une conception de l'*harmonia* comme un cercle pensé à partir de son centre. *Cf*. Wersinger 2008, p. 10 et 154. Quant à B. Cassin, son « ontologie de la grammaire » semble finalement rejoindre le cheminement heideggérien qui va de la forme de 3^{e}S du verbe *être*, ἐστι, à la substantivation

deçà, également, de toute approche analytique, y compris la réflexion logique de G. Calogero, dont je me sentirais pourtant plus proche si elle ne se proclamait pas une « linguistica-logica-ontologia »[1]. Jugeant la « logique » tout aussi anachronique que l'« ontologie » pour y fonder l'analyse d'un poème appartenant à la période archaïque, j'entends situer mon étude en dehors de ce que l'on pourrait appeler une « logique de la syntaxe orale ». C'est par conséquent la situer plus en dehors encore d'une « logico-ontologie ». J'ajouterai, enfin, que je ne l'en situe pas pour autant davantage dans la veine de ces interprétations qui, tout en entendant s'inscrire dans la dimension poétique et pragmatique inhérente à une composition reposant sur la diction épique, s'attachent bien moins au verbe *être* qu'à l'être, et restent ainsi toujours plus ou moins dépendantes de considérations « philosophiques » plus traditionnelles[2].

---

finale de son participe, τὸ ἐόν. *Cf.* Cassin 1998, p. 34-39, et p. 33 : « ce fil du poème (…) tient donc strictement en ceci : faire exister le sujet hors du verbe, le « premier » sujet hors du « premier » verbe », et de souligner en note que c'est le « fil » qu'elle « tire » depuis *Si Parménide* et *L'Effet sophistique*. C'est aussi l'interprétation de C. Collobert (1993, p. 127-129). Pour une introduction aux contributions de la philologie philosophique allemande, voir l'ouvrage de P. Thanassas (2007), dans la droite lignée de Heidegger : p. 41, « Being appears rather as Thinking's task and goal ».

1. *Cf.* Calogero 1977, p. 41. Voir aussi p. 28, où l'être de Parménide est défini comme le « prodotto dell'ontologizzazione dell'esigenza logica dell'assoluta indifferenza dell'essere ».

2. Je pense, notamment, à l'approche rhétorique et dialectique de Ch. Robbiano (2006), dont le « monisme focalisé », bien que proclamé non-ontologique, consiste néanmoins en la compréhension identificatrice et unificatrice, par un destinataire conçu comme « lecteur implicite », d'un Être immobile et non généré (voir par exemple, p. 129 et encore p. 208 où l'Être unique est dit correspondre à ce qu'on peut comprendre, et être). Voir également Atwood Wilkinson 2009 dont la perspective historique n'empêche pas l'auteur de considérer que la nouveauté philosophique de la « voie de la Vérité », par rapport à un proème et une « voie de l'apparence » plus attachés à la tradition

Au fil d'une analyse structurelle, sémantique, morphologique et enfin énonciative de l'ensemble des fragments, centrée sur l'énonciation du verbe *être*, j'essaierai de mettre en évidence que la fonction primordiale de la construction de ce verbe est, avant toutes choses, d'instituer la parole *kosmologique* du poète-savant en une parole d'autorité infaillible. Comme l'a dit J. Bollack de l'œuvre d'Empédocle, il faut considérer le poème parménidien comme « une ample épopée, savante et visionnaire », mais *discursive* et *parénétique*, et non pas « narrative et didactique »[1]. Car le verbe *être* que Parménide invente semble être au cœur d'une véritable stratégie d'énonciation visant plus à *instaurer* qu'à raconter et *transmettre* un savoir. En ce sens, la *diction kosmologique* de Parménide pourrait bien se rattacher à un mode d'énonciation parénétique que l'élégie guerrière instaure, de façon exemplaire, au cours du VIIe siècle, et qui semble constituer une sorte de matrice commune à partir de laquelle se développent alors les différentes formes de discours « didactiques » savants de la période archaïque, jusqu'à Platon lui-même[2].

épique, repose sur le fait que l'impossibilité radicale de nommer *to eon* en rend la pensée immédiate (voir notamment p. 99). Enfin, deux études structurelles comme celle de L. Rossetti (2010), en termes d'« infrastructure » et de « métatexte », et celle de T. Ruben (2007), plus « poétique », en termes de composition annulaire, n'en remettent, pour autant, nullement en cause la dimension ontologique de l'être, conventionnellement portée par l'entité τὸ ἐόν.

1. *Cf.* Bollack 1965-69, p. 7.
2. On aurait tendance à penser que tout discours parénétique est nécessairement didactique. Mais, sans les opposer, le premier des deux n'est pas toujours forcément celui qu'on croit. Le terme « didactique », surtout en compagnie de « narratif », est souvent associé à la poésie hésiodique en tout premier lieu, mais aussi aux compositions iambiques et à la poésie élégiaque telle qu'elle est pratiquée dans les banquets athéniens de l'époque classique, et dont les *Theognidea* sont l'exemple représentatif. Dans ce sens-là, si toute poésie « didactique », peut contenir des éléments « parénétiques » pour être

MISE EN SCÈNE D'UNE PAROLE POÉTIQUE

Une structure annulaire[1] *comme écrin définitoire
du verbe* être

Un des points névralgiques du poème est l'apparente contradiction, dans le fragment 8, entre l'« inachèvement » et l'« achèvement », deux caractéristiques également attribuées à l'*être*. Si l'on veut bien oublier, au moins un temps, toute interprétation ontologique, on verra que cette contradiction

persuasive, une diction didactique n'est jamais qu'une forme déclinée, affaiblie et disciplinée en quelques sortes, de la forme vive que constitue une diction authentiquement parénétique comme celle de l'élégie d'exhortation guerrière. En revanche, si les discours de savoir, dits « didactiques », des *kosmologues*, médecins, enquêteurs et autres « présocratiques », ont pu se réapproprier ce mode d'énonciation parénétique, c'est pour lui garder toute la verdeur de son efficacité. Car comme la poésie purement parénétique entendait *instaurer* une authentique κοινωνία politique, ces discours, rivaux les uns des autres, entendent *instaurer* un savoir universel et la κοινωνία qui en dépend, alors que la poésie didactique ne fait que rappeler et *transmettre* telles et telles valeurs communes.

1. En ce qui concerne la composition annulaire dans les fragments de Parménide, je me contenterai de renvoyer à l'article de T. Ruben (2007, p. 164). On y trouve notamment un bon aperçu initial de quelques analyses qui ont mis en évidence la présence, dans la structure argumentative du fragment 1, en particulier, mais aussi des fragments 6, 7 et 8, de ce mode de composition ancien, caractéristique de la poésie archaïque, qui procède par retours et enchevêtrements symétriques. Pour les différents procédés poétiques d'« encadrements », de « rappels » et de « refrains », voir, principalement, Groningen 1958, p. 78-93. Plus particulièrement pour le fragment 8, voir également l'annexe, fort utile, fournie par T. Ruben, où sont donnés comme exemples les plans des structures proposées par A. P. D. Mourelatos (1970 = 2008), S. Sellmer (1998) et G. Cerri (1999). Selon sa propre interprétation, l'efficacité du discours de la déesse reposerait sur le fonctionnement discursif de l'image des entraves qui immobilisent l'être, et dont les deux anneaux qui enserrent la partie centrale du poème seraient comme les manifestations structurelles. *Cf.* Ruben 2007, notamment, p. 174-176.

n'est peut-être rien autre qu'un jeu poétique préfigurant en son
sein la définition d'un verbe *être* à la fois concentrique et holosémantique. Selon la leçon des manuscrits du *Commentaire
sur la Physique d'Aristote* de Simplicius, il faut lire, au début
du fragment 8, qu'une des particularités de ἐστι, est d'être
« aussi inachevé » ou « inaccompli ». Or cette expression ἠδ'
ἀτέλεστον, en 8, 4, entre apparemment en contradiction, dans
un premier temps avec l'expression οὐκ ἀτελεύτητον en 8,
32, « non inachevé », et dans un second temps en 8, 42, avec le
participe parfait de la même racine verbale, τετελεσμένον,
« achevé »[1]. Pour résoudre philosophiquement cette difficulté,
certains ont donné un sens temporel à la clausule ἠδ'
ἀτέλεστον, d'autres ont pu la replacer « dans la perspective du
cercle parfaitement soudé »[2]. Il semble que le fonctionnement
de la diction poétique qu'utilise Parménide offre une voie
d'analyse sous-jacente. Les effets de répétitions et d'échos
non seulement entre les trois mots de la même famille,

---

1. Cette contradiction embarrasse la plupart des interprètes et éditeurs
modernes du poème. N.-L. Cordero, qui appelle à une révision de l'édition
Diels-Kranz « à partir d'une nouvelle analyse des sources manuscrites »
(Cordero 1987, p. 18), n'en tient précisément pas compte ici et choisit la lecture
la plus souvent proposée : ἠδὲ τελεστόν. Il ressort pourtant de son apparat
critique que, quelques soient les variantes, les manuscrits présentent toujours
une coordination positive suivie d'un adjectif composé en ἀ- privatif.
Cf. Cordero 1997, p. 26. C'est encore cette lecture que retient A. Stevens (2006,
p. 38, n. 2) pour sa traduction. B. Cassin, quant à elle, opte pour la coordination
négative : οὐδ' ἀτέλεστον. *Cf.* Cassin 1998, p. 84 et p. 221-223. G. Cerri (1999,
n. 3, p. 222-223) conserve la formule ἠδ' ἀτέλεστον en proposant de la
rapporter syntaxiquement à l'expression du début du vers suivant, οὐδέ ποτ' ἦν
οὐδ' ἔσται. L'édition Coxon, McKirahan (2009, p. 65) la conserve également
mais en la signalant comme manifestement fausse.

2. C'est H. Diels qui a proposé la première interprétation : « hom. Klausel
(Δ26) d. h. *ohne Ziel in der Zeit* » (DK, *Parmenides*, p. 235), pour la seconde,
voir notamment A.-G. Wersinger (2008, p. 156-157).

ἀτέλεστον, ἀτελεύτητον et τετελεσμένον, mais aussi avec d'autres termes apparaissant à leur voisinage, en constituent précisément le fondement. Ils émaillent la composition poétique pour lui donner une structure annulaire qui lui confère cohésion et cohérence, et qui en fait aussi progresser l'argumentation[1].

Ainsi, si l'adjectif verbal ἀτέλεστον, la première des trois formes, annonce étymologiquement les deux autres, ἀτελεύτητον et τετελεσμένον, il vient aussi compléter sémantiquement et morphologiquement l'adjectif ἀνώλεθρον, « impérissable », qui apparaît au vers précédent, tout comme lui en fin d'hexamètre. Un adjectif verbal, on le sait, est originellement une forme à degré réduit de la racine verbale[2] à laquelle s'ajoute le suffixe *-to-* qui exprime « l'accomplissement du procès verbal ». Mais, d'autre part, si ce suffixe est à l'origine une marque incontestable de la voix passive, l'adjectif verbal, par sa nature nominale, a rapidement pris la caractéristique d'être indifférent à la diathèse[3]. En effet, exprimant naturellement un état passif, il a pris très tôt une valeur de possibilité (« qui peut ») et même une valeur active, notamment dans les composés et, qui plus est, tout

---

1. Ce qu'A.-G. Wersinger a parfaitement mis en évidence dans son analyse du fragment 8. En relevant la plupart des répétitions lexicales et rythmiques, elle montre en effet comment celles-ci dessinent une structure circulaire en trois anneaux concentriques. *Cf.* Wersinger 2008, p. 151-153. On verra que mon analyse, linguistique et *dictionnelle*, qui n'est pas pour contredire son interprétation structurelle, prend nécessairement un chemin radicalement différent.

2. À propos de la formation des adjectifs en -το, voir Risch 1974, p. 19-21 et en particulier, pour ἀτέλεστος p. 20, § 10c.

3. Contrairement au verbe dont il est issu, l'adjectif verbal n'a pas pour fonction de positionner le sujet par rapport au procès verbal. Il est indifférent à ce qu'on appelle couramment la « voix » et « qui est la diathèse fondamentale du sujet dans le verbe ». *Cf.* Benveniste 1966a, p. 169-170.

particulièrement dans les composés en ἀ- privatif[1]. Ces remarques linguistiques permettent de mettre en évidence un jeu de tension latent dans l'adjectif ἀτέλεστον entre sa valeur passive, « inachevé », sa valeur de possibilité, « inachevable », et son sens actif « inachevant ». Le poète n'y était vraisemblablement pas insensible car la construction parallèle avec ἀνώλεθρον, autre adjectif en ἀ- privatif, qui le précède immédiatement, semble un moyen d'accréditer la présence, si ce n'est la prédominance, de la diathèse active dans notre adjectif verbal. Ἀν-ώλεθρον est, en effet, un composé dérivé du nom ὄλεθρος, dont la formation repose sur le suffixe -θρο-. Comme *-to-, -θρο->*-dh-r-o- est un suffixe primaire qui se combine directement à la racine verbale, mais contrairement à *-to-, son sens étant essentiellement actif, c'est dans son cas, avant tout, pour former des noms d'action. Or, le suffixe -θρο- est relativement rare en grec et le mot ὄλεθρος, éminent représentant, est justement un de ces noms où la « valeur animée » de ce suffixe est la plus sensible[2]. Le jeu suffixal entre ses deux termes sémantiquement proches permet donc d'affiner l'analyse. Ce qui est nié dans l'adjectif verbal ἀτέλεστον c'est peut-être moins le sens du procès verbal (« achever ») que la modalité active de sa réalisation : ἐστι ne peut aller en s'*achevant*.

C'est ce que la progression du discours va nous expliquer : le participe parfait τετελεσμένον, dans la partie finale du

1. *Cf.* Chantraine 1961, p. 283-284, § 336-337. À titre d'exemple et pour la régularité de leur valeur active, sont cités ἄμβροτος, « qui ne meurt pas » et ἄγνωστος, aussi bien « ignoré » qu'« ignorant ».

2. À propos du suffixe -θρο- et du nom ὄλεθρος, voir Risch 1974, p. 43, § 18c. Pour sa valeur sémantique, voir Chantraine 1933, p. 372-374, en particulier p. 373 § 305 : il faut comprendre « animée », ici, dans le sens de « qui conduit une action ».

développement, en 8, 42, semble prendre entièrement en charge, par sa forme même et sa diathèse, la valeur passive de la notion d'«achèvement». Si ἐστι ne peut s'achever c'est parce qu'il est «toujours-déjà-achevé», toujours déjà accompli. Τετελεσμένον ἐστι est, en effet, la forme périphrastique servant de parfait passif au verbe τελέω. É. Benveniste a démontré qu'Aristote, pour penser ses catégories, n'a fait que «retrouver simplement certaines des catégories fondamentales de la langue dans laquelle il pense»[1]. Il serait fort étonnant qu'un artisan-poète de la langue, et d'une langue de surcroît aussi artificielle que peut l'être celle de l'hexamètre épique, n'en fît au moins autant. En tant que forme issue de la même racine verbale et construite positivement, τετελεσμένον s'oppose d'emblée à ἀτέλεστον. Par la diathèse passive qu'il exprime morphologiquement, il réaffirme rétrospectivement et par contraste la valeur de possibilité et la diathèse active de l'adjectif verbal ἀτέλεστον.

Mais ce n'est pas tout. Le choix même de la forme conjuguée τετελεσμένον ἐστι pour s'opposer à l'adjectif ἀτέλεστον permet au poète de rappeler à son auditeur la tension initiale entre les différentes modalités d'inachèvement, tout en lui signifiant, dans le même temps, qu'il n'y a pas nécessairement incompatibilité fondamentale entre le positif et le négatif, entre achèvement et inachèvement. En effet, le participe τετελεσμένον, qui signifie très exactement «toujours déjà achevé», c'est-à-dire «étant immuablement dans l'état d'achèvement», n'est en fait que l'un des deux éléments d'une tournure périphrastique qui, pour être complète, autrement dit elle-même «achevée», a besoin de la forme conjuguée du verbe *être*, ici la 3ᵉS, ἐστι. En d'autres

---

1. *Cf*. Benveniste 1966b, p. 66-70, p. 66 pour la citation.

termes, ce qu'il faut comprendre c'est que Parménide emploie une expression qui ne peut être « achevée » sans le recours à ἐστι pour définir justement ce qu'est ἐστι, forme représentative, ici, du verbe *être*. De surcroît, même si ἐστι est dans ce cas une forme purement grammaticale, plus vide encore sémantiquement qu'une copule, il renvoie inévitablement au ἐστι fort, quasi autonymique, du vers 8, 2, comme pour en préciser, de manière rétrograde, la nature sémantique : au terme du développement sur le verbe *être* (8, 42), comme déjà en son début (8, 4), ἐστι est à la fois sémantiquement plein et sémantiquement vide, c'est-à-dire immuablement achevé *et* inachevé. Or ceci n'est précisément possible que grâce au choix, encore une fois, de la forme τετελεσμένον. Le participe passif est aspectuellement résultatif[1], c'est-à-dire qu'il exprime en quelque sorte un « toujours déjà ». Restant hors de toute expression temporelle, il ne constitue pas véritablement un temps verbal[2]. Par conséquent, ἐστι dont il représente aussi un qualificatif, se voit situé, de même, hors de toute expression temporelle. Indifférent à toute antériorité et à toute postériorité, ἐστι est un « toujours déjà ». Or cette conclusion tirée de l'apparente contradiction entre les deux termes ἀτέλεστον et τετελεσμένον, placés l'un dans la partie initiale, l'autre dans la partie finale du fragment 8, correspond très précisément à ce que signifie le vers 8, 5 : ἐστι (*est*) « ni n'était, ni ne sera », οὐδέ ποτ᾽ ἦν οὐδ᾽ ἔσται, car il est « maintenant tout ensemble », ἐπεὶ νῦν ἐστιν ὁμοῦ πᾶν. Ἐστι est à la fois

---

1. Pour une présentation des trois thèmes indo-européens, l'aoriste, le présent, le parfait, et les valeurs aspectuelles qui leur correspondent, voir Meier-Brügger 2003, p. 165, F 202.

2. *Cf.* Benveniste 1966b, p. 69 : « le parfait ne s'insère pas dans le système temporel du grec et reste à part, indiquant, selon le cas, un mode de temporalité ou une manière d'être du sujet ».

inachevé, inachevable, s'inachevant lui-même, *et* toujours
déjà achevé, parce qu'il est un νῦν perpétuel.

Je ne rentrerai pas ici dans la question fort débattue du
concept philosophique de temps ou d'éternité dans le poème
de Parménide, étant donné que celui-ci repose le plus souvent
sur l'idée d'un temps qui, ou plus ou moins réel ou plus ou
moins absolu, est en tout cas toujours considéré comme extra-
linguistique[1]. Quand je dis qu'ἐστι est un νῦν perpétuel, je ne
considère νῦν que dans sa nature linguistique d'adverbe. En
tant que tel, il n'est qu'une entité discursive, une « réalité de
discours », qui, au même titre que les pronoms personnels
comme *je* et *tu*, n'est jamais appréhendable en terme d'objet[2].
En tant que tel, je le définirai donc, en cet endroit du poème,
comme la marque explicite du *présent linguistique*, présent
que son autonomie tant par rapport au temps « physique » (ou
vécu), que par rapport au temps « chronique » (celui des

---

1. La plupart des interprétations modernes rapportent le « maintenant » du
vers 8, 5 à l'idée d'éternité, chacune y apportant sa nuance particulière :
« timeless present » pour G. E. L. Owen (1966), existence « momentanée » pour
J. Barnes (1979), « sempiternité » non durative chez R. Sorabji (1983),
intemporalité associée à l'idée de vérité et de permanence pour Aubenque
(1987, p. 129-130), durée continue sans succession pour C. Collobert (1993,
p. 186-195), élaborée à partir des définitions platonicienne (*Timée* 38 a) et
aristotélicienne (*Physique* 4, 11) de l'« éternel ». Sur l'idée d'éternité du point
de vue de la déesse, voir O'Brien 1987a. Dans une plus large mesure, selon
A. Drozdek (2008, chap. 1-9), la « philosophie présocratique » serait caractérisée par une continuité dans les conceptions de l'*apeiron*, l'« infini ».
Renvoyant d'abord à la durée d'un temps éternel, l'idée d'« infini » désigne
pour la première fois chez Anaximandre une étendue spatiale illimitée. C'est
parce que cette spatialisation de l'*apeiron* aurait permis de lui conférer, dès lors,
un statut ontologique, que l'être de Parménide, bien que déterminé et délimité,
tout en n'ayant ni commencement ni fin, entrerait ainsi parfaitement dans la
ligne continue de la pensée « présocratique » sur l'« infini ».

2. *Cf.* Benveniste 1966c, p. 252.

événements historiques), rend précisément a-temporel et, partant, propre à générer une parole d'autorité parce que neuve et détachée de tout contexte réel[1]. Le verbe *être*, quant à lui, et en particulier la forme ἐστι, en est alors la marque implicite : autre qu'un simple présent, au sens commun de la langue, ἐστι est le fondement virtuel[2] de la parole proférée. Si la parole de

1. Pour cette distinction entre les trois types de temps, voir Benveniste 1966e, p. 70-76 : le temps vécu est le temps physique et psychique de chacun d'entre nous, le temps chronique est le temps objectivé en temps calendaire, ces deux temps dépendant nécessairement du temps linguistique, insituable par rapport à eux car de nature radicalement autre. Je reviendrai, par ailleurs, sur νῦν au moment de l'analyse de la structure énonciative du poème. Remarquons d'ores et déjà qu'en tant que marque explicite du présent linguistique, en tant que σῆμα pour le dire en termes parménidiens, celui-ci n'est pas essentiel à la signification de la construction énonciative dans son ensemble. Ainsi, que νῦν ait été réellement employé ou non par le poète-savant, puisque en effet il n'apparaît pas partout dans la transmission du texte (chez Ammonius notamment), cela ne contredit pas mon interprétation. Ce que je propose ne diffère pas tellement, en apparence, de l'interprétation de B. Cassin, à ceci près qu'en m'en tenant à la langue dans sa dimension pragmatique, c'est-à-dire dans sa réalisation comme diction particulière de la poésie archaïque, je ne vois dans ce « maintenant » ni conjugaison du passé et du futur, ni présence heideggérienne du présent « comme donation du temps », ni « bord transcendantal du temps » (Cassin 1998, p. 228). Ce qui revient, en fait, tout simplement à dire, ce qu'É. Benveniste démontre linguistiquement, que le présent instauré par l'énonciation « est proprement la source du temps » (Benveniste 1966d, p. 83). Ceci est un fait établi ; je ne m'en écarterai que dans la mesure où il me semble, comme on va le voir, que Parménide s'efforce justement d'abstraire du fonctionnement habituel de la langue et de l'énonciation son présent linguistique, représenté par le verbe *être*. Ce qui est possible parce que le présent reste « étranger à la notion d'actuel, et, en général, à toute notion d'époque » (Serbat 1988, p. 33) et que « ce n'est pas le verbe au présent qui situe le procès au moment de l'énonciation, mais (…) la signification de la phrase et les conditions mêmes de l'énonciation » (RPR, p. 299).

2. J'entends toujours « virtuel » et « virtualité » par opposition à « réel » et « réalité », au sens où J. Bollack utilise lui-même l'adjectif pour définir

Parménide est forcément proférée dans un *hic et nunc* réel, à l'intention de destinataire(s) donné(s), elle se définit d'emblée comme un *hic et nunc* virtuel et parfaitement autonome qui vient prendre la place de cet *hic et nunc* réel. De cette façon, elle prive le destinataire de son repère habituel et se rend à même de le conduire comme elle veut, où elle veut. Pour parvenir à cette fin, le poète doit déployer tout son art. Or Parménide ne s'appuie pas seulement sur des techniques anciennes de composition mais aussi, sans doute, sur un certain usage de l'écriture, permettant notamment de resserrer la trame des répétitions pour rendre sa parole plus efficace. Il convient donc d'accorder toute notre attention à ce resserrement expressif et de ne pas négliger le troisième terme, οὐκ ἀτελεύτητον, intermédiaire entre ἀτέλεστον et τετελεσμένον.

Une architecture linguistique polymorphe au service d'un « nouveau » [1] *verbe être*

Dix vers avant le syntagme τετελεσμένον ἐστι, on rencontre, au milieu du vers cette fois, précédant tout juste la césure, en 8, 32, οὐκ ἀτελεύτητον. Cette forme d'adjectif verbal privatif, nié syntaxiquement, la première dans le déroulement de l'énonciation à entrer en contradiction apparente avec notre ἀτέλεστον du début, ne semble qu'une anticipation du participe parfait τετελεσμένον. À la considérer de plus

---

simplement les potentialités de la langue des aèdes, une langue devenue, dit-il, « un fonds inépuisable et flexible, un contenu virtuel » (Bollack 2006b, p. 21).

1. Au sens d'« innovation » avec lequel Aristophane emploie l'adjectif grec καινός pour qualifier la fameuse version euripidéenne de l'histoire d'Hélène : τὴν καινὴν Ἑλένην μιμήσομαι, « je vais imiter sa nouvelle Hélène » (*Thesmophories*, 850).

près, cependant, on s'aperçoit qu'elle représente bien plutôt un jalon intermédiaire dans la composition, un lien de transition entre ἀτέλεστον et τετελεσμένον. Morphologiquement d'abord, l'adjectif ἀτελεύτητον ressemble à s'y méprendre à celui du vers 8, 4, qu'il rappelle immédiatement à l'esprit. Quasi homonyme, quasi synonyme d'ἀτέλεστον, il en précise moins le sens, qu'il n'en donne une autre forme poétique qui le prolonge, mais qui, étant à la forme négative, se prolonge elle-même dans le participe parfait de 8, 42. En effet, il ne diffère rythmiquement d'ἀτέλεστον que part l'ajout d'une syllabe longue ouverte, -τη-[1], laquelle, qui plus est, semble annoncer, en variation, le redoublement de la syllabe brève fermée du radical dans τετε-λεσμένον. Syntaxiquement, d'autre part, la négation οὐκ qui le précède, donne à l'expression la même valeur positive que τετελεσμένον mais constitue aussi en quelque sorte un redoublement analytique de la négation lexicale en ἀ- privatif. Dans la grammaire régulière et l'usage commun du grec, l'association de ces deux négations aboutit toujours à leur annulation : οὐκ ἀτελεύτητον équivaut à τελευτητόν, « achevé ». Mais le grec, ici, est celui d'un technicien de la langue. Rien n'empêche, dès lors, dans un fonctionnement linguistique artificiel, d'y voir parallèlement un simple renforcement de la négation, comme c'est d'ailleurs le cas le plus fréquent dans les poèmes homériques pour les doubles négations syntaxiques[2]. Par conséquent, son sens

---

1. Leurs schémas rythmiques sont uu-x pour ἀτέλεστον, uu--x pour ἀτελεύτητον.

2. « En général, si comme il est fréquent, deux négations se succèdent, elles ne font, chez Homère, que se renforcer ». Cf. Chantraine 1963, t. 2, p. 337, § 494. On en a, par ailleurs, un exemple dans le poème de Parménide, en 8, 46 : οὔτε γὰρ οὐκ ἐὸν ἔστι (ou οὔτε γὰρ οὐτ᾽ ἐὸν ἔστι, selon le choix des éditeurs), « car ni non étant il n'est… ».

aussi bien négatif que positif, sa structure phonique et
morphologique participant à la fois de celle d'ἀτέλεστον
et de celle de τετελεσμένον, désignent ἀτελεύτητον comme
le centre vers lequel ces deux expressions convergent, et à
partir duquel la signification peut être redistribuée dans un
sens et dans l'autre. À travers ces trois termes de la même
famille, la structure du fragment dessine donc moins un
cercle[1] qu'un va-et-vient dans un sens et son rebours, c'est-à-
dire précisément un cheminement comparable à celui de
l'ancienne composition des vers en *boustrophédon*[2]. Dès
lors, sous l'apparente contradiction qu'ils construisent en
surface, le poète-savant laisse entendre à la vigilance de son

1. Me situant délibérément dans la seule chair des mots, en-deçà de toute
interprétation « conceptuelle », je m'écarte ici de l'analyse d'A.-G. Wersinger,
qui envisage une construction circulaire à plusieurs centres (Wersinger 2008,
p. 153). Mon interprétation de la « sphère » s'inscrit davantage – bien que s'en
détachant tout autant – dans la lignée de celle de G. Calogero. En effet, la
« sphère bien ronde » de 8, 43-44 représente peut-être, avant tout, l'image du
fonctionnement archaïque de la signification linguistique tel que Parménide
l'invente en se l'appropriant, c'est-à-dire une inflation polysémique en tous
sens à partir d'un noyau initial, et à rebours vers ce noyau. Mais il n'est pas
nécessaire, à mon sens, qu'une quelconque valeur logique du verbe *être*
« s'hypostasie » en valeur ontologique pour concevoir ce dernier comme une
sphère, c'est-à-dire « un infinito ampliarsi nella forma omogeneamente finita
della sfera ». *Cf.* Calogero 1977, p. 10 et 33. Mon analyse de la « sphère », se
trouve un peu plus loin, après les différentes considérations morphologiques et
sémantiques sur le verbe être parménidien.

2. Le mot grec βουστροφηδόν, est un adverbe signifiant littéralement « en
tournant d'une ligne à l'autre, comme les bœufs faisant demi-tour une fois
arrivés au bout d'un sillon ». Par analogie, le *boustrophédon* désigne un mode
d'écriture, usité dans les inscriptions anciennes, cheminant alternativement de
gauche à droite, puis de droite à gauche. Il constitue peut-être aussi, plus qu'on
ne le croit, une technique ancienne de composition poétique, comme le laissent
penser, notamment, deux passages significatifs de l'*Iliade*, dans la description
du bouclier d'Achille (18, 541-544), et dans le mythe de Bellérophon (6, 168-
170). *Cf.* Bader 2006 et déjà 2005, p. 412, n. 96.

destinataire que dans un emploi exceptionnel de la langue, consciente à chaque instant d'elle-même, la « voie » de la signification demeure, qu'on la prenne dans un sens ou dans l'autre.

Cette hypothèse d'une signification parcourant la composition en tout sens trouve, en outre, sa confirmation, en acquérant une autre dimension, dans la comparaison entre la formation des deux adjectifs verbaux, ἀτέλεστον et ἀτελεύτητον. En effet, alors que le premier est un composé privatif dérivé du verbe τελέω, lui-même dénominatif du nom neutre, τέλος, le second, ἀτελεύτητον, dérive du verbe contracte τελευτάω, qui dérive quant à lui du nom féminin τελευτή, lequel dériverait à son tour d'un verbe τελεύω, finalement issu lui aussi, grâce au suffixe productif -ευ-, du nom originel τέλος. Dans le cheminement linguistique qui va de τέλος, dérivé primaire de la racine, aux formes d'adjectifs verbaux privatifs, on voit donc qu'ἀτελεύτητον, point de convergence de la signification (en l'occurrence, la notion d'« achèvement-inachèvement »), constitue également une sorte d'amplification métamorphique d'ἀτέλεστον, qui le précède dans le discours[1]. Tout se passe comme si le poète s'offrait ici la possibilité d'élaborer un paradigme linguistique amplifié et inachevé, à l'intérieur duquel les mots peuvent prendre une forme toujours nouvelle, c'est-à-dire changer leur apparence sans changer le sens d'ensemble. De cette sorte, la signification reste telle qu'en elle-même non seulement dans

---

1. Pour le développement morphologique, voir *DELG*, s. v. τέλος, p. 1063-1064. Il est douteux que τελευτή, sur lequel repose ἀτελεύτητον, représente ici un apport sémantique majeur : « ne comport[ant] pas la diversité d'emploi de τέλος », il ne fait qu'en concentrer le sens sur l'idée d'« accomplissement », de « fin ».

un sens et dans l'autre, mais encore sous une apparence métamorphique.

Ainsi, ce qui ressort finalement de cette mise en scène, c'est que la signification du poème elle-même, et non seulement ἐστι, est toujours à la fois inachevée et achevée, parce que le propre de la signification est fondamentalement d'« être là ». La voie de l'*être* n'est donc une nécessité ni ontologique ni logique. C'est la voie même de la signification du poème dans son ensemble. On va voir que le fonctionnement que lui prête Parménide, fondé sur le principe poétique du *boustrophédon*, est tout entier au service du discours poétique et savant.

INSTAURATION D'UN VERBE *ÊTRE* MÉTAMORPHIQUE ET HOLOSÉMANTIQUE[1]

Variation paradigmatique

Si la fréquence des occurrences du verbe *être* dans les fragments de Parménide est indéniable, on ne souligne pas assez souvent que celle-ci est tout à fait remarquable en ce qu'elle n'a aucun égal dans la poésie antérieure et contemporaine[2]. Mais ce sur quoi l'on n'a jamais vraiment

---

1. Cette partie a fait l'objet d'une publication séparée en 2010, dans la revue, disponible en ligne, *Antiquorum Philosophia* 4, p. 75-97. La version qu'on y trouve n'est cependant pas identique à celle du présent ouvrage où certains développements ont été modifiés pour être amplifiés.

2. La plupart des interprètes modernes n'en font que peu de cas. P. Aubenque (1987, p. 104) a insisté sur ce point, en montrant que le verbe *être* est comparativement très peu fréquent chez Pindare et Héraclite. Reprenant les éléments du commentaire de E. Heitsch (*Parmenides*, Munich, Tusculum-Bücherei, 1974, p. 112), il en dénombre 86 occurrences, essentiellement

insisté, à ma connaissance, c'est l'éventail morphologique de ce verbe *être*, que le poète-savant déploie avec ampleur. La troisième personne du singulier est la forme qui revient le plus souvent, pour l'essentiel au présent, ἐστι; mais on la retrouve aussi à l'imparfait, ἦν, en 8, 5, au futur, ἔσται, en 8, 5 et en 8, 36, et à l'optatif, εἴη, en 8, 47. À quoi s'ajoute encore la forme poétique dissyllabique du composé ἔνεστι en 1, 30, ἔνι. Le participe ἐόν est lui aussi très représenté. Si l'on accepte l'une des leçons des manuscrits de Simplicius[1], on en rencontre une fois, en 8, 57, la forme attique ὄν[2]. Mais surtout, il n'est peut-être pas indifférent de noter que les fragments nous offrent toutes les formes de la déclinaison casuelle au singulier avec le génitif ἐόντος en 4, 2 et le datif ἐόντι en 8, 25, ainsi que trois formes du nominatif-accusatif neutre pluriel, le simple ἐόντα en 7,1, et les deux composés ἀπεόντα et παρεόντα en 4, 1. Mais c'est en ce qui concerne l'infinitif que la variété morphologique est particulièrement frappante. En moins de 80 vers se trouvent rassemblées, à une exception près, toutes les formes possibles de la langue homérique : si l'ionien εἶναι reste le plus fréquent, il n'est, dans le poème, qu'une forme d'infinitif parmi les autres réalisations éoliennes, ἔμμεν en 2, 6, ἔμμεναι

concentrées dans la première partie du poème, dite ontologique : on en trouve 76 occurrences dans cette partie contre 3 dans le proème et 7 dans la deuxième partie. L. Atwood Wilkinson (2009) ne s'intéresse à la répétition constante du verbe que pour montrer qu'il permet souvent de rompre la syntaxe et d'entraîner ainsi une dissolution du rythme et de la signification (voir notamment p. 94).

1. Simplicius, *Phys.* F 30, F 39, alors qu'en DE 30, on trouve la leçon τό. *Cf.* Coxon, McKirahan 2009, p. 83.

2. Sur les réalisations ionienne et attique du participe, voir Morpurgo Davies 1978, p. 157-158. Pour la reconstitution indo-européenne en *h_1s-ont-*, généralisée aux cas obliques dans ces deux dialectes, voir *NIL*, s. v. *h_1es-*, p. 235.

en 6, 1, et ἔμεναι en 8, 38 [1]. Avec l'infinitif futur ἔσεσθαι en 8, 20, la liste est presque complète. On rencontre, pour finir, deux formes de troisième personne du pluriel, εἰσι en 1, 11, en 2, 2 et en 8, 54, et l'homérique ἔασι en 8, 2 et en 19, 1. Ainsi, puisque seule la troisième personne, pour les formes conjuguées, semble avoir été retenue, c'est presque tout l'échantillon des formes impersonnelles [2] du verbe *être* que Parménide essaime dans son poème.

Une telle concentration de formes laisse l'impression d'un verbe *être* polymorphe et polyfonctionnel, occupant le discours verbalement par ses formes conjuguées, adjectivement et nominalement par ses participes, neutralement [3] par

---

1. Le suffixe d'infinitif varie selon les dialectes, mais la langue homérique reste un «mélange irréductible de formes ioniennes et éoliennes». Εἶναι est extrêmement fréquent dans les poèmes homériques, surtout en fin de vers, ἔμμεναι très fréquent aussi, fournit commodément un dactyle au 5e ou au 4e pied, ἔμεναι se rencontre 21 fois, ἔμμεν et ἔμεν, ce dernier faisant l'exception de nos fragments parménidiens, sont plus rares encore. Les formes à géminées -μμ- et les formes à consonne simple -μ- s'expliquent par le jeu artificiel entre deux types de traitement phonétique d'une forme originellement éolienne. *Cf.* Chantraine 1963, t. 1, p. 485-486, § 234 et p. 173-174, § 68.

2. On sait en effet que la troisième personne en grec, et en général dans les langues indo-européennes, n'en est pas vraiment une puisque, à l'origine, aucun pronom personnel ne lui correspond. Elle est le lieu de la «non-personne» pour reprendre l'expression bien connue d'É. Benveniste (1966f).

3. On définit traditionnellement l'infinitif comme une forme nominale du verbe reposant sur d'anciennes formes casuelles, généralisées et fossilisées, de noms verbaux abstraits. Mais il est plus juste de partir de la désignation des grammairiens anciens, ἀπαρέμφατος, c'est-à-dire «non clairement défini», chez Apollonius Dyscole, et de le considérer simplement comme une forme «non limitée». Ce qu'est aussi le participe (*cf.* Meier-Brügger 2003, p. 184, F 215-216). Mais à la différence de ce dernier, l'infinitif apparaît plutôt comme un hors phrase. Synchroniquement, l'infinitif ressemble à une forme amputée de toute désinence, tant verbale que nominale, où c'est le thème qui prédomine. Il exprime donc naturellement, plus encore qu'en français, la notion pure,

ses infinitifs. Il suffit d'observer toutes ces formes dans leur variété pour constater que l'apparition de chacune d'entre elles au fil des fragments, et à l'intérieur même du plus important, le fragment 8, n'est soumise à aucun ordre ontologico-logique ou ontologico-grammatical prédéterminé. Il n'apparaît pas non plus qu'aucune d'entre elles soit poétiquement fondée pour prévaloir sur les autres. La seule chose qui ressort du développement sur l'*être* c'est la fréquence d'ἐστι et la mise en scène syntaxique des vers 2, 3, ἡ μὲν ὅπως ἐστίν, « l'une, à savoir ἐστι », et 8, 2, λείπεται ὡς ἔστιν, « reste ἐστι », qui le désignent assez clairement comme représentant de toutes les autres formes. Que la 3ᵉS au présent ait pu servir à renvoyer au verbe *être* dans sa globalité plutôt que toute autre forme nominale n'a rien de si extraordinaire quand on sait que c'est la forme habituelle que la langue grecque employait pour désigner un verbe de façon autonymique[1]. Je ne vois donc pas

---

hors contexte, hors logique discursive (*cf.* RPR, p. 333). Je reviendrai plus loin sur l'infinitif.

1. « La fonction métalinguistique du langage permet d'utiliser les signes et les séquences de signes pour se désigner eux-mêmes ». Cet usage est dit autonymique. *Cf.* RPR, p. 556, XVIII, 1.1.3. L'usage de la 3ᵉS était aussi l'habitude des grammairiens indiens pour le sanskrit. La 1ʳᵉS que l'on trouve en entrée dans nos dictionnaires modernes de grec n'est qu'une convention qui ne correspond pas à l'usage de nos auteurs anciens. Lorsque l'Étranger, en s'adressant à Théétète, cite trois exemples de verbes à la suite pour lui montrer qu'ils ne veulent rien dire sans la συμπλοκή, c'est-à-dire la liaison syntaxique, il les emploie à la 3ᵉS : Οἷον βαδίζει τρέχει καθεύδει, καὶ τἆλλα ὅσα πράξεις σημαίνει ῥήματα, κἂν πάντα τις ἐφεξῆς αὔτ' εἴπῃ, λόγον οὐδέν τι μᾶλλον ἀπεργάζεται (Par exemple *marcher, courir, dormir*, et tous les autres verbes exprimant des accomplissements, les dirait-on tous à la suite qu'on n'en formerait pas pour autant un discours), Platon, *Sophiste*, 262 b 5-7. Ici, l'usage des formes βαδίζει, τρέχει et καθεύδει est purement métalinguistique puisque celles-ci ne servent qu'à s'autodésigner elles-mêmes comme des unités de la langue. C'est un cas particulier qui est à distinguer de l'usage métadiscursif, où

dans les fragments qui nous sont parvenus de quoi autoriser
une lecture du poème de Parménide comme un parcours grammatical faisant « le récit du grec » à travers le cheminement
progressif qui mènerait d'ἐστι à cette quintessence ontologique que doit être le participe substantivé τὸ ἐόν[1].

Par ailleurs, l'article neutre τό, censé fonder la suprématie
du participe en lui donnant substance, reste peu employé dans
cette fonction précise de « substantivateur », si tant est qu'il ait

les autonymes désignent cette fois des segments de discours. On en a un
exemple dans le *Cratyle*, 430 e 6-7, où Socrate reprend ainsi ce qu'il vient de
dire : τὸ δὲ δεῖξαι λέγω εἰς τὴν τῶν ὀφθαλμῶν αἴσθησιν καταστῆσαι (Par
« montrer », j'entends « faire tomber sous le sens de la vue »). On voit que
Platon emploie dans ce cas l'infinitif du verbe et non la 3ᵉS. Et l'on notera, par
ailleurs, que τό a moins sa fonction d'article substantivateur que celle de
démonstratif présentatif.

1. Pour le dire avec les mots de B. Cassin (1998, p. 38), c'est considérer le
participe comme « la pliure morphologique la plus surchargée d'heideggéria-
nisme ». Qu'il s'agisse de P. Aubenque, de B. Cassin, de C. Collobert, de
M. Conche, de N.-L. Cordero, de G. E. L. Owen, pour ne citer qu'eux, une
grande partie des commentateurs modernes, ne font qu'emprunter, en y
apposant leur marque, ce cheminement heideggérien qui va de la forme de 3ᵉS
du verbe *être*, ἐστι, à la substantivation finale de son participe, τὸ ἐόν. Une des
questions cruciales est alors de savoir si ce substantif, tant attendu, constitue ou
non le fameux sujet manquant d'ἐστι. Pour d'autres, qui ne se rattachent pas à
ce courant d'interprétation heideggérien, τὸ ἐόν reste également la forme clé du
poème. Selon A. P. D. Mourelatos (2008, p. 67) il équivaut exactement au terme
ἀλήθεια pour renvoyer à la « réalité », selon G. Calogero (1977, p. 25) il s'agit
de la forme que nécessitait la découverte parménidienne de l'universalité du
verbe *être* et sa « cristallisation en un concept métaphysique suprême », et pour
A. H. Coxon (2009, p. 21-22) il permet la reformulation de « est » en copule
verbale avec sa propre forme nominale pour sujet, ce qui constitue « the direct
expression of the perfect identity of substantial Being ». Enfin, même encore
dans une étude en termes de composition annulaire, et donc plus « poétique »,
comme celle de T. Ruben (2007, p. 163), le participe τὸ ἐόν reste manifestement au centre du fragment 8, dans le v. 19 en particulier, où la plupart des
éditions modernes préfèrent pourtant la leçon des manuscrits πέλοιτο ἐόν.

véritablement cette fonction dans le poème. Dans l'édition Diels-Kranz, je n'ai relevé que 6 occurrences du pronom-adjectif τό avec le participe ἐόν (en 2, 7 ; 4, 2 ; 8, 32 ; 8, 35 ; 8, 37). Quatre fois seulement il se trouve placé devant un infinitif, ce qui inciterait, dans ce cas, à l'interpréter comme un article au sens strict, précisément de par son caractère exceptionnel. La minutieuse analyse philologique et grammaticale de G. Journée montre cependant que, dans chacun de ces emplois, aussi bien en 6, 1 où τό semble pouvoir servir à substantiver successivement l'infinitif λέγειν et l'infinitif νοεῖν, que pour les expressions τὸ πέλειν, en 6, 8, et τὸ νοεῖν en 8, 36, qui passent traditionnellement pour des infinitifs articulaires, il est bien plus satisfaisant d'interpréter l'article neutre comme un démonstratif[1]. Il apparaît par ailleurs en 8, 44 et en 8, 46, employé seul comme anaphorique du participe. Quoi qu'il en soit de ces occurrences, en ce qui concerne son emploi avec les formes du participe ἐόν, la comparaison entre le vers 4, 2, οὐ γὰρ ἀποτμήξει τὸ ἐὸν τοῦ ἐόντος ἔχεσθαι (« car tu ne sépareras pas ce qui est pour le tenir à l'écart de ce qui est »)

---

1. G. Journée (2010) offre une précieuse synthèse du débat philologique et philosophique qu'ont suscité, parmi les savants, l'établissement du vers 6, 1 et les problèmes interprétatifs posés par la succession des deux τό (notamment, mais pas seulement, p. 401-405). Pour la traduction qu'il propose de ces quatre occurrences de τό suivi de l'infinitif, voir p. 416 et 419. Celui-ci appuie toute sa démonstration sur la quasi impossibilité, dans un usage grammaticalement normé de la langue grecque, de rencontrer la négation οὐκ dans un groupe infinitif substantivé – ce qui se trouve être le cas en 6, 8, dans l'expression τὸ πέλειν τε καὶ οὐκ εἶναι, si l'on interprète τό comme un article substantivateur. C'est en tissant, ensuite, des correspondances logiques entre les quatre expressions analysées, qu'il démontre que l'interprétation par un démonstratif reste toujours préférable : « considérer (…) que les τό de B6, 1 ont une fonction similaire à celui de B6, 8 ferme la syntaxe et, quoi qu'il faille penser de sa poésie, rend justice à Parménide » (p. 421).

et le vers 8, 25, τῷ ξυνεχὲς πᾶν ἐστιν· ἐὸν γὰρ ἐόντι πελάζει
(« ainsi est-il tout entier uniforme, car « étant » touche
« étant »), où la rection verbale du datif suffit à faire fonctionner le participe comme un nom, manifeste assez clairement
que Parménide n'a nul besoin d'article pour substantiver un
participe. Étant donné que le grec est une langue où l'article
n'est pas nécessaire au fonctionnement syntaxique du nom,
étant donné, surtout, que cette langue est ici employée en
diction épique, dans laquelle la valeur démonstrative de l'article est, de fait, encore majoritairement présente, il serait légiti-
me de considérer le τό parménidien au moins autant comme un
présentatif[1] soulignant la forme participiale du verbe que
comme l'élément propre à la transformer en nom. Aussi me
semble-t-il que s'il existait un indice discursif, dans le poème,
d'une quelconque « conceptualisation » du verbe *être*, il

---

1. « Présentatif », au lieu de « démonstratif », s'entend dans la dimension
virtuelle de la construction linguistique du poème, c'est-à-dire en-deçà de toute
considération référentielle, qu'elle soit extérieure ou non aux fragments que
nous possédons. Pour qui considère, en effet, que c'est perdre la richesse du
poème parménidien que de chercher à tout prix à le désambiguïser pour y
retrouver un système philosophique logique, rien ne porte à croire que la plupart
des occurrences de τό chez Parménide fassent référence à un « sujet » ontologique caché et innommé que toute la première partie du poème serait consacrée à élaborer. Ce que tend encore à penser G. Journée (2010, p. 401) dans son
analyse grammaticale des passages B6, 8-9 et B6, 1. Celui-ci propose notamment de voir des traces logiques du fameux référent-sujet dans les expressions
τὸ αὐτό du fragment 3 et ταὐτόν de 8, 34 (*cf.* p. 418-419). Il me semble que le
discours du poète-savant peut aussi bien se suffire à soi-même et τό ne renvoyer
qu'à ce qui le suit immédiatement, « ceci, à savoir… », c'est-à-dire représenter
un indice déictique particulier, un signe de présentation, en quelque sorte,
comparable à ce que peuvent parfois représenter, dans les langues modernes
occidentales, les guillemets. Je finirai en soulignant que la fonction référentielle
de l'article grec, encore en diction « lyrique », « reste [de toute façon, toujours]
à éclaircir ». *Cf.* Bonifazi 2004, p. 405-406, et Edmunds 2008, p. 80.

faudrait peut-être le chercher ailleurs que dans ce fameux τὸ ἐόν.

Chacune des formes que nous avons relevées est un représentant de la notion exprimée par le verbe *être*. Or l'indice le plus sûr qui puisse s'appliquer tant au formes conjuguées qu'au formes nominales ne peut qu'être le jeu des deux négations μή et οὐ. Si l'on observe minutieusement l'emploi de la négation pour chacune de ces formes, on constate que les formes de 3ᵉS sont toujours niées par οὐ (1, 30; 2, 3; 2, 5; 6, 2; 8, 5; 8, 9; 8, 16; 8, 20; 8, 22; 8, 33; 8, 46; 8, 47; 8, 54), les participes toujours par μή (2, 7; 7, 1; 8, 7; 8, 12; 8, 33), et les infinitifs tantôt par μή en 2, 3 et en 2, 5, tantôt par οὐ en 6, 8 et 8, 40 où l'opposition syntaxique des propositions réclame, pour ce dernier vers, la négation forte, en fin de vers, οὐχί [1]. La différence majeure entre les deux types de négation est bien connue : οὐ est « objective » et « nie un fait », alors que μή est « subjective » et « repousse un vœu, un effort », ou, mieux encore, « exprime une tendance de la volonté, et parfois une construction de l'esprit » [2]. Cela étant dit d'un état de langue homérique, celui de la diction épique. Or, dans cet état de langue, la négation μή, d'une part n'est que tout à fait exceptionnelle avec un participe, d'autre part n'est bien attestée avec un infinitif que quand la volonté du locuteur est engagée. Si Parménide, dans la diction poétique qu'il adopte, emploie systématiquement cette négation précisément dans ces deux cas, c'est donc peut-être seulement pour signaler d'un σῆμα que son verbe *être* est, sinon un « concept », terme que je

1. Pour les problèmes interprétatifs que peuvent poser les négations οὐκ en 6, 8 et οὐχί en 8, 40, voir Journée 2010, p. 398-400.
2. *Cf.* Chantraine 1963, t. 2, p. 330, § 481. Pour les remarques qui suivent concernant le participe et l'infinitif, voir, respectivement, p. 336, § 491 et p. 334, § 489.

juge anachronique et que je rejette comme tel, du moins une entité linguistique nouvelle et reconstruite à des fins exhortatives : cette négation, ainsi employée avec le verbe *être*, exprime bien plutôt un « ne doit pas *être* » qu'un « ne pas *être* ». La forme négative du verbe *être* parménidien ne désigne pas tant la voie du non-être, par opposition à la voie de l'être, qu'elle ne prévient le destinataire de l'impossibilité de se passer de ce verbe pour comprendre le poème dans son intégralité.

Il ressort donc de ces remarques sur les emplois du pronom-adjectif τό et de la négation, que le discours de Parménide n'est pas tout entier tourné vers la construction d'un substantif contenant en germes le « concept » de l'*être*. Il donne plutôt l'impression d'élaborer un verbe *être* aux variations paradigmatiques sans limites, un verbe *être* métamorphique capable de se manifester n'importe où, un verbe *être* original, spécialement conçu pour et par le poème, dont la valeur n'a de sens que le temps de la profération du poème, afin d'assurer une assise infaillible à la parole même du poète-savant[1].

---

1. Indépendamment de la question de la fixation écrite du poème dans sa forme définitive, il est très probable que celui-ci a été destiné à une communication orale, visant un auditoire particulier. On sait, à en croire Aristote, que Parménide aurait eu pour maître Xénophane (*Métaphysique* A 5, 986 b 22, ὁ γὰρ Παρμενίδης τούτου λέγεται γενέσθαι μαθητὴς). Au sujet de l'influence qu'aurait eue ce dernier sur la formation philosophique de Parménide, voir Mogyoródi 2006. Or, Xénophane est aussi connu pour les élégies qu'il a composées. Si les poèmes savants avaient pour cadre une « école », leur prononciation devant un « cercle d'étude » n'était peut-être pas si éloignée des performances élégiaques devant les convives de banquets. Quoi qu'il en soit, sortis du contexte pragmatique de son énonciation, le poème de Parménide et ses échafaudages linguistiques perdent sinon tout leur sens, du moins toute leur efficacité. Même si la vérité des fragments n'était certainement pas destinée à

Sémantisme global

Par cette élaboration morphologique du verbe *être*, qui le fait apparaître comme une entité globale, une sorte de Protée linguistique, c'est la signification même du verbe qui se trouve réactivée. D'emblée, indépendamment de la valeur sémantique qui lui est inhérente, l'orchestration de ce métamorphisme reconstruit le sens à partir de l'idée d'omniprésence : le verbe *être*, et en premier lieu la forme ἐστι qui le représente, se définit fondamentalement comme un « être là » total. Dès lors, il n'est plus pertinent de distinguer différents types d'emplois ou différentes fonctions, attachées à des valeurs sémantiques distinctes du verbe *être*.

Comme je l'ai rappelé en introduisant mon propos, classifier, fragmenter la signification d'un mot, est tout à fait contraire aux processus qui fondent le savoir archaïque. Par conséquent, si la valeur sémantique d'un mot ou d'une expression constitue naturellement un ensemble unifié, dans un discours poétique qui s'efforce d'amplifier ce phénomène en faisant d'un mot en particulier une entité mouvante au sein même de son unité, figer ce mot dans la rigidité d'emplois correspondant aux brisures de sa signification éclatée, est particulièrement inapproprié. Or c'est précisément ce que la plupart des interprètes modernes continuent de faire lorsque, chacun sous des noms divers, ils scindent le verbe *être* en un verbe existentiel à sens plein, un verbe « véritatif » postulant tous les autres et un verbe-copule prédicatif assurant la

---

l'oubli, comme ce pouvait être le cas pour un texte de tragédie, puisque leur vérité repose justement, comme on va le voir, sur la continuité fondamentale du λόγος, j'oserai parler ici, pour emprunter un terme cher à Fl. Dupont (2001, notamment p. 25), d'une certaine « insignifiance » du verbe *être*.

cohésion syntaxique[1]. Le terme « véritatif » est pour traduire le *veridical* de Ch. Kahn. Celui-ci, dans son dernier ouvrage, démontre bien qu'il n'y a pas de distinction originelle, en grec, entre la copule et l'emploi existentiel du verbe *être*, et qu'ainsi le concept d'« existence » n'apparaît jamais en tant que tel dans la philosophie ancienne de Parménide à Platon. Mais en définissant strictement ce verbe à partir de sa construction prédicative complète de copule (*Homère est un poète*), construction qu'il considère comme le fondement même de son fonctionnement tant syntaxique que sémantique[2], il

1. Partir d'une fusion originelle, ou d'un mélange inextricable de ces trois fonctions, associée chacune à des valeurs différentes, comme le font par exemple A.-G. Wersinger (2008, p. 10), ou encore Ch. Robbiano (2006, p. 80), est certes une façon de s'opposer à cette tripartition mais ce n'est en fait pas loin de revenir au même puisque on ne commence pas moins par la supposer. J'entends pour ma part montrer, suite au développement précédent sur le métamorphisme du verbe *être*, qu'il faut *partir*, dans le poème de Parménide, *d'*une indifférenciation du verbe *être*. Ce n'est pas résoudre le problème de la polyfonctionnalité de ce verbe que de faire découler « l'hypostase ontologique d'εἶναι » de son indétermination logique univoque et absolue (Calogero 1977, p. 10 notamment). Ce n'est pas le résoudre davantage que de condamner la confusion entre « prédication copulative » et « prédication existentielle » pour défendre une « prédication spéculative » (Mourelatos 2008, p. 54), ou bien que de poser une dichotomie entre fonction cohésive et fonction « véritative », pour essayer de les faire « fusionner » (Cassin 1998, p. 24-29 notamment); entre fonction « lexicale » et fonction « syntaxique », pour accuser ensuite le poète de les confondre maladroitement (Aubenque 1987, p. 132-134); entre « actualité posante » et « actualité ontologique », pour établir l'antériorité primitive de la copule (Collobert 1993, p. 130-131). Si É. Benveniste (1966b, p. 71) inventorie minutieusement la richesse d'emplois du verbe *être*, c'est que son travail de linguiste consiste justement à l'analyser dans le détail de ses articulations pour en expliquer la globalité. Mais c'est, au contraire, de sa globalité qu'il faut partir pour tenter de comprendre son rôle dans un discours savant relevant, de surcroît, d'une diction poétique particulière.

2. *Cf.* Kahn 2009, chap. 1, essentiellement, mais aussi chap. 6-8. Reprenant à son compte le constat linguistique que la pensée est conditionnée par le

enferme son sens dans la notion « véritative » de vérité et d'état de fait. Le verbe *être* de Parménide, quelle qu'en soit la forme grammaticale, en devient alors la marque linguistique la mieux désignée pour affirmer l'existence extra-linguistique, c'est-à-dire dans la réalité du monde, de l'objet de la connaissance[1].

À vouloir fragmenter à tout prix le verbe *être*, on lui refuse sa richesse sémantique. À refuser son fonctionnement polysémique, dans une langue qui, d'Homère à Platon, se conçoit toujours elle-même comme un art et une technique, on perd la seule possibilité qui nous reste d'aborder les textes dans toute leur amplitude. Mais surtout, ce faisant, l'on manque complètement le fond de la question, pourtant acquis depuis l'ouvrage fondamental de N. Lanérès. Si, de fait, ἐστι renvoie à la notion d'« existence » en termes de réalisation effective et non de réalisation virtualisée, il est aussi le plus éminent représentant du seul verbe grec « à définir un *état* de façon intrinsèque, *sans considération de limites*, ni de durée : il ne désigne ni le point de départ, ni l'achèvement d'un procès. (…) Ἐστι est un verbe *statif* et simplement *essif* puisqu'il se borne à désigner l'être »[2]. Ἐστι est donc le représentant d'un verbe absolument différent de tous les autres. Il est le seul à se définir par une

---

langage dans lequel elle s'exprime, celui-ci affirme que le verbe *être* grec était conçu par ses usagers du seul point de vue de sa construction, absolue ou prédicative, et que par conséquent il ne peut qu'être analysé en termes syntaxiques et non en termes sémantiques comme le *to be* anglais. La construction absolue serait toujours en attente d'une spécification (chap. 7), et la construction prédicative complète est la construction essentielle du verbe parce qu'elle repose sur sa valeur véritative et existentielle (chap. 5).

1. Ainsi traduit-il, par exemple, le vers 6, 1, χρὴ τὸ λέγειν τε νοεῖν τ᾽ ἐὸν ἔμμεναι·(…), par « cognition and statement must be what-is ». Voir Kahn 2009, chap. 6, p. 143-166.

2. *Cf.* Lanérès, 1994b, p. 608.

double structuration qui le situe à l'intersection même de deux
systèmes linguistiques : un système processuel où, comme un
verbe normal, il entre dans un rapport paradigmatique avec
l'ensemble du système des conjugaisons verbales, et un
système statif, monoaspectuel, où il fonctionne alors dans un
rapport d'opposition à la « pause », cette fonction verbale non
graphique qui caractérise la phrase nominale grecque[1]. Cela
étant dit d'un état de langue homérique, mais encore vivace
jusque vers le IVe siècle. Or s'il est vrai qu'au fondement des
compositions des premiers savants de l'époque archaïque, que
celles-ci soient en vers ou en « prose »[2], réside la recherche
d'un langage nouveau se construisant, grâce à « des modifica-
tions sémantiques considérables », « en opposition avec les
schèmes narratifs épiques »[3], c'est peut-être là, dans cette
double structuration, qu'il faut chercher la clé du fonctionnement du verbe *être* dans le poème de Parménide : ce qui y est
à l'œuvre, est sans doute moins la fusion des différentes fonctions qu'on lui attribue en général, que son élaboration en une
totalité holosémantique dont le fonctionnement, nécessairement holosyntaxique[4], semble dépendre aussi, comme on va
le voir, d'un processus d'absorption des valeurs et du

1. *Cf.* Lanérès, 1994b, p. 641 et 609. Le chapitre 5, p. 623, est tout entier
consacré à la question sémantique de la copule.

2. Pour une mise au point des notions de « prose » et de « poésie »
à l'époque archaïque, voir notamment Palù 2005, et en particulier, n. 21, p. 81.

3. *Cf.* Papadopoulou 2006, p. 3 et 12. La comparaison, que propose
l'auteur, entre l'« effet langagier » mis au point dans les compositions des
savants « présocratiques », et « la révolution visuelle que l'art moderne a réalisé
par rapport à la représentation », me semble particulièrement éclairante.

4. On pourrait faire remarquer, ici, que, dans leur état indo-européen,
les verbes fonctionnaient vraisemblablement sans aucune distinction entre
leur dimension grammaticale (aspect, mode) et leur dimension lexicale
(sémantisme propre). *Cf. LIV*, p. 10.

fonctionnement de la « pause » elle-même. Laquelle, on le sait, appartient au domaine du virtuel et non de l'effectif.

Contentons-nous, pour l'instant, de retenir le statut très particulier que possède, en grec, le verbe *être*. Il est incontestable qu'il se caractérise essentiellement par cette faculté qui lui est propre d'être aussi bien copule que verbe à sens plein en construction absolue. De surcroît, dans son emploi normal, il est le seul, avec le verbe « dire », φημι, à fonctionner dans l'enchaînement syntaxique comme un enclitique. Pour autant l'absence d'accentuation, qui les rend rythmiquement dépendant des autres mots de la phrase, n'est pas une marque de déperdition ou de faiblesse sémantique, comme ce peut être le cas des particules atones. Ces deux verbes sont les seuls à avoir échappé à l'évolution de l'accentuation verbale, propre au grec, définie par la loi de limitation[1]. Alors que dans les langues indo-européennes, tout verbe possède un accent propre qui ne se réalise qu'en situation particulière de mise en valeur syntaxique, en début de proposition notamment, en grec un nouvel accent se substitue progressivement à l'accent original du verbe, même dans les emplois non marqués. Alors que le verbe, enclitique dans son fonctionnement normal, pouvait acquérir une autonomie propre, l'uniformisation rythmique qu'il subit en grec n'est en fait qu'une neutralisation accentuelle de son fonctionnement syntaxique.

Si εἰμι et φημι sont les seuls à être restés enclitiques ce n'est peut-être pas seulement parce que les formes de leur conjugaison sont très courtes, mais aussi parce qu'ils sont les deux verbes essentiels à l'existence du discours, nécessaires à toute énonciation reposant sur un rapport de réciprocité entre un locuteur et un interlocuteur. « Être » et « dire ». Deux verbes

---

1. Pour une définition précise voir Lejeune 1945, p. 5, § 7 et p. 10, § 10.

nécessairement fondamentaux dans une culture de tradition orale où le savoir est discours et où le discours se définit comme la profération d'une parole dans le présent de la réalité pragmatique. Ce n'est d'ailleurs pas un hasard s'ils sont tous deux construits sur des thèmes de présent[1]. Cela signifie qu'ils sont originellement attachés au déroulement d'un ici et d'un maintenant. Dans le cas particulier du verbe *être*, εἰμι, la signification même de la racine, comme nous allons le voir immédiatement, vient redoubler cette valeur aspectuelle de sorte que celui-ci se voit défini, de façon doublement inhérente, lexicalement et grammaticalement, comme un « être là » en cours de réalisation[2]. Εἰμι et φημι sont donc deux verbes dont l'importance est telle qu'ils devaient avoir une valeur sémantique suffisamment forte pour rester relativement indifférents à l'intonation accentuelle.

En ce qui concerne plus proprement le verbe *être* grec, il repose sur la racine indo-européenne, aujourd'hui incontestée, *$h_1$es- signifiant « exister, être là »[3]. Bien que polyfonctionnel par nature, c'est à tort qu'on pourrait croire que ce sens le prédisposait à sa fonction de copule. En effet, ce sens fort d'« exister, être là » est premier, toujours présent dans la racine dès la période proto-indo-européenne. Ce qui explique certainement, par conséquence directe, pourquoi les phrases nominales constituaient originellement, en grec, un mode

---

1. Le système verbal indo-européen reposait sur trois thèmes correspondant chacun à une valeur aspectuelle particulière : le thème d'aoriste représentait l'aspect perfectif, le thème de parfait l'aspect résultatif, le thème de présent l'aspect imperfectif. *Cf.* Meier-Brügger 2003, p. 165, F 202.

2. L'aspect est une dimension grammaticale du verbe. Dimension lexicale et dimension grammaticale s'associent donc dans le cas du verbe *être* grec. *Cf.* Meier-Brügger 2003, p. 253, S 304-305.

3. *Cf. LIV*, s. v. *$h_1$es-*, p. 241.

d'expression normal, indépendant, ne reposant sur nulle présence sous-jacente d'une copule « est ». La fonction de copule ne s'est, en fait, développée que parallèlement et progressivement comme un verbe d'aide explicative, par analogie avec le schéma syntaxique des énoncés verbaux qui ne peuvent fonctionner sans verbe conjugué[1]. Or les conclusions de N. Lanérès prouvent que le grec, dans ses réalisations poétiques et en particulier dans la langue homérique, a bien conservé la différence de fonctionnement originel entre les deux types d'énoncés, verbal et nominal. C'est-à-dire que dans aucune phrase nominale il n'y a lieu, en fait, de supposer l'élision d'une forme conjuguée du verbe *être*[2].

---

1. Pour ces remarques sur le sens de la racine *$h_1$es-* et sur l'origine de la fonction de copule, voir Meier-Brügger 2003, p. 54, E 505 et p. 247, S 206. Si la copule n'a qu'une signification explicative, c'est que son contenu est déjà exprimé à travers le tissage même qui relie entre eux les différents éléments de la phrase. L'entité linguistique choisie pour son sens voisin ne fait que mettre en relief ce contenu.

2. Depuis les réflexions d'É. Benveniste sur la phrase nominale, ce sont désormais les conclusions de N. Lanérès (1994a et surtout 1994b) qui s'imposent : la fonction verbale, prise en charge par une « pause » qui n'est en aucun cas du « rien », maintient le procès hors du champ de la réalisation effective, dans la virtualité subjective. Peut-être est-ce ce dont Ch. Kahn convient lorsque, déclarant qu'*einai* n'était conçu, en grec, que du point de vue de sa construction syntaxique, absolue ou prédicative, il conclut que ce verbe, en construction absolue, n'a pas besoin de signifier « exister » et que les prédicats non verbaux ne réclament pas nécessairement sa présence. *Cf.* Kahn 2009, chap. 1, p. 18-40. Mais ce qui compte le plus, c'est qu'il faut comprendre le rapport d'opposition qui existe entre ἐστι et la pause, en termes de pure stratégie d'énonciation. C'est le point essentiel, qui sous-tend toutes les autres interprétations qu'on peut en faire. Une analyse en termes de raisonnement logique, notamment, perdrait donc toute sa force à ne pas prendre suffisamment appui sur la dimension énonciative des phrases nominales rencontrées, comme le fait par exemple S. Jedrkiewicz (2005) pour les fragments d'Héraclite.

Il va sans dire qu'il ne s'agit, ici, de contester la réalité de la fonction de copule du verbe *être*, ni dans le poème de Parménide, ni dans le grec en général[1]. Par ces remarques j'entends simplement souligner, d'une part, que ce verbe, avec ou sans accent, est, à son origine et de façon inhérente, un verbe fort, d'autre part, que son emploi comme copule, en diction poétique, n'est jamais absolument nécessaire à l'énoncé et que sa présence, comme son absence, est toujours, plus ou moins stratégiquement, motivée. En empruntant la diction épique, Parménide emploie une langue qui s'abreuve à une tradition ancienne dont la technique remonte aux racines mêmes de la langue grecque. En utilisant le verbe *être* de façon absolue, sans sujet et sans complément (comme en 2, 3 et en 8, 2), et en en multipliant, dans le même temps, démesurément les formes, il remonte en quelque sorte à la source de sa signification et de son fonctionnement syntaxique tout en en prenant le contrepied. Alors que la langue, dans l'usage commun, n'a pas un besoin systématique du verbe *être* pour fonctionner normalement, tout se passe, dans les fragments, comme si le poète-savant instaurait que, dans son discours, ἐστι est partout et que sa valeur, quel que soit son domaine d'emploi, reste fondamentalement la même.

Or il est un emploi du verbe *être* en grec, dont Parménide fait un usage remarquable par trois fois en fin de vers, qui le vide bien plus de son sens que ne le fait la copule. Il peut en

---

1. Pour la classification syntaxique des verbes grecs dans la langue classique, voir Crespo, Conti, Maquieiera 2003, p. 227-228, § 21.2. 1. Le verbe εἰμι y est défini comme un verbe copulatif, et non prédicatif, c'est-à-dire caractérisé par l'impossibilité de se constituer en prédicat-noyau à cause d'une déperdition de son contenu lexical; un verbe qui « por la falta de contenido lexico pleno, (…) no impone resticciones semanticas al sujeto ». De cette sorte, il est dit qu'εἰμι admet l'élision dans tous ses différents emplois.

effet servir de béquille au participe parfait passif pour pallier, dans le système des conjugaisons verbales, l'absence d'une forme propre de parfait passif à la 3^{e}P pour les verbes dont la rencontre entre l'occlusive finale du radical et le groupe -ντ- de la désinence eût été imprononçable[1]. Cette tournure a été étendue, par analogie, à la 3^{e}S[2], et parfois aux autres verbes, en parallèle avec la forme déjà existante. En tant qu'élément constitutif d'une périphrase verbale, le verbe *être* n'est alors plus qu'un pur outil linguistique, complètement vide de sens, au même titre que l'auxiliaire dans la conjugaison des temps composés en français. Les trois exemples de Parménide se suivent de près dans la seconde partie du fragment 8 : ἐν ᾧ πεφατισμένον ἐστίν au vers 35, τετελεσμένον ἐστί au vers 42 et ἐν ᾧ πεπλανημένοι εἰσίν au vers 54. La séquence des quatre dernières syllabes (-μένο[ν/ι] ἐστί/εἰσί) constitue une sorte de rime reliant étroitement entre elles ces trois expressions par l'écho phonique qu'elle instaure. Je laisse pour l'instant de côté cette structure ternaire, porteuse de signification, pour ne me concentrer que sur l'expression qui initie le mouvement, πεφατισμένον ἐστιν.

Le vers qui précède est un des moments clé du poème : le destinataire apprend que « penser est la même chose que la pensée que ἐστι, *est* ». L'objet de l'énoncé est, ici, la seule

---

1. C'est le cas bien connu de verbes comme λείπω ou πράττω qui, au parfait moyen-passif, présentent respectivement les formes λέλειπται et πέπρακται à la 3^{e}S, mais doivent recourir aux périphrases λελειμμένοι εἰσί et πεπραγμένοι εἰσί à la 3^{e}P. Le verbe εἰμί est ainsi le seul, parmi les autres verbes dits « copulatifs » (comme γίγνομαι, κυρέω, πέλομαι ou ὑπάρχω), à pouvoir servir d'auxiliaire. *Cf.* Crespo, Conti, Maquieiera 2003, p. 228.

2. C'est par l'intermédiaire du neutre pluriel, notamment, que l'analogie a pu se mettre en place, étant donné qu'un sujet neutre pluriel se conjugue, en grec, au singulier. Ainsi la proposition « ces choses ont été proférées » peut se dire aussi bien ταῦτα πεφάτισται que ταῦτα πεφατισμένα ἐστίν.

forme ἐστι, dans son emploi absolu, c'est-à-dire dans le sens plein d'«être là», en tant que représentant du verbe *être* dans son ensemble. Dès lors, la forme ἐστι du vers 35, élément de périphrase verbale, dans une incise dont le sens renvoie justement à la profération même (φατίζω) qui fait exister le discours, semble un écho direct à la forme forte qui la précède. Dans l'enchaînement particulier des vers 34 et 35, la confrontation, presque exactement en fin de vers, des deux emplois extrêmes du verbe *être*, l'emploi absolu et autonome du représentant de la racine *$h_1$es- et l'emploi vide de l'outil grammatical, a peu de chances d'être un hasard. La forme de parfait . πεφατισμένον ἐστίν est une forme emphatique et poétique qui n'existe pas dans la tradition des hexamètres homériques. C'est une forme composée qui reste facilement décomposable en ses deux éléments. En l'employant juste après le vers 34, Parménide offre à son destinataire un deuxième ἐστι qui est à la fois la répétition stricte du premier dans toute son absoluité, et son pâle reflet grammatical. Ce qui a pour effet de suspendre l'expression πεφατισμένον ἐστίν entre deux systèmes syntaxiques puisque le parallélisme entre les deux occurrences d'ἐστι suscite une *pause* entre les deux entités linguistiques πεφατισμένον et ἐστιν, qui a pour conséquence d'entraîner un relâchement des liens unissant habituellement ces deux entités et de laisser ainsi à ἐστι une marge suffisante pour déployer son éventail sémantique. Il n'y a donc pas à choisir, ici, entre les deux valeurs polaires du verbe *être* : elles coexistent simultanément. Mais qui plus est, par la réciprocité synaphique [-*n esti n*-/-*n estin*] des vers 34 et 35, le poète semble signaler à son auditoire qu'elles coexistent également de façon simultanée dans le premier ἐστι, et par conséquent, indirectement, dans toutes les occurrences de ce dernier. À commencer, en premier lieu, par celle de 8, 42, où il est associé au participe τετελεσμένον pour constituer la deuxième expression du triptyque en -μένο[ν/ι] ἐστί/εἰσί que j'ai signalé plus haut. Peut-être est-ce même le cas pour la dernière de ces formules, πεπλανημένοι εἰσίν en 8, 54, qui présente non pas la 3eS mais la 3eP, mais j'y reviendrai plus longuement, dans le troisième volet de ma troisième partie.

Or ces trois expressions, qui se distinguent aisément dans le système des conjugaisons, et que le poète-savant singularise manifestement pour servir l'élaboration de son verbe *être*, ne se contentent pas seulement de mettre en évidence la simulta-néité de valeurs inhérentes au verbe *être*. Elles permettent d'en étendre le champ à des valeurs qui lui sont limitrophes. En effet, N. Lanérès, dans la partie conclusive de son ouvrage, n'hésite pas à souligner que l'emploi d'ἐστι avec une forme participiale en -μενος ou en -ων, constitue le cas particulier qui échappe précisément à la conclusion générale à laquelle elle est parvenue, à savoir que le choix entre l'expression d'ἐστι et l'expression de la pause dépend des valeurs énoncia-tives d'«effectivité» chez l'un, de «virtualité» chez l'autre. Ce type d'emploi, dans l'usage habituel de la langue, contre-viendrait à la double structuration d'ἐστι, en n'expri-mant plus qu'exclusivement sa valeur processuelle, dans le cadre du système de la conjugaison verbale[1]. Le fait que dans les formules parménidiennes, πεφατισμένον ἐστίν et τετελεσμένον ἐστί, la 3eS du verbe *être* puisse se comprendre *simultanément* comme autonyme et comme simple outil de conjugaison, apparaît donc comme un moyen de permettre à

---

1. Puisqu'il s'agit de formes servant à compléter le paradigme de la conjugaison verbale, ἐστι y perd l'aspect statif et monoaspectuel que lui confère le rapport qu'il entretient avec la pause. Avec les participes en -ων, il permettrait de mettre en évidence le déroulement du procès, avec les participes en -μενος, il cristalliserait, en quelques sortes, la valeur stative résultative du procès. *Cf.* Lanérès 1994b, p. 675.

ἐστι de réintégrer sa double structuration et de conserver, toujours, sa valeur énonciative d'opposition paradigmatique à la pause. Mais – là est le coup de force – c'est en outre-passant et en s'appropriant immédiatement cette opposition même. Car la simultanéité des deux valeurs polaires, celle de l'autonyme et celle de la béquille grammaticale, produit entre celles-ci un mouvement de va-et-vient, dans lequel ἐστι peut occuper la place même de la *pause* caractéristique des énoncés nominaux, et partant absorber sa valeur propre de virtualité. Force est de constater, dès lors, que l'holosémantisme d'ἐστι ne s'en trouve que plus complet.

On pourrait nourrir de légitimes réticences à l'égard de cette interprétation en considérant la connaissance pro-fonde du fonctionnement de la langue que demanderaient à Parménide de tels jeux linguistiques. Il serait évidemment hors de propos de prétendre que notre poète-savant était « lin-guiste » et qu'il avait lu les analyses de N. Lanérès. Il faut cependant garder à l'esprit que des jeux « linguistiques » complexes sont avérés dans la tradition épique indo-euro-péenne[1], et que pour un ποιητής – c'est-à-dire un technicien professionnel de sa langue –, à une époque où le savoir et son expression poétique ne peuvent s'appréhender que sur le mode de l'*oralité*, ces jeux ne pouvaient qu'être familiers, si ce n'est parfaitement inhérents à la langue poétique[2]. Considérons

---

1. Qu'on me permette de renvoyer, ici, aux travaux de F. Bader en général, dont j'ai déjà cité ceux de 2005 et 2006.

2. La dimension *orale* de la poésie est tout particulièrement importante pour comprendre la réalité, dans la langue grecque archaïque – et même classique –, de l'opposition entre ἐστι et la pause. La présence d'ἐστι n'est pas toujours explicable pour nous et elle « n'était [alors] pleinement perceptible qu'au moment de la constitution de l'acte de parole » en direction d'un desti-nataire usager de la langue. « Il faut bien avouer que la pause, dans ce qui n'est

donc la dimension *orale* des expressions πεφατισμένον ἐστίν
et τετελεσμένον ἐστί, et en particulier leur assonance manifeste qui a mené l'auditeur attentif de l'une à l'autre, et qui, de
là, le renvoie assez aisément aux deux autres expressions
auxquelles on a vu que τετελεσμένον était étroitement lié :
ἀτέλεστον en 8, 4 et οὐκ ἀτελεύτητον en 8, 32. Quand
on s'avise alors que les adjectifs verbaux – en particulier
lorsqu'ils sont niés par un ἀ- privatif ou même par l'adverbe
οὐκ –, de par leur prédisposition morphologique à la catégorie
verbale, ont pu jouer, en grec, un rôle décisif dans le processus,
plus ou moins avéré[1], de « verbalisation de la phrase nominale », c'est-à-dire de remplacement de la pause par ἐστι[2], le
fil interprétatif, indiqué par les deux périphrases verbales
précédentes, devient peut-être moins ténu.

En effet, pour le premier des deux adjectifs, si un ἐστι est
bien exprimé à la fin du vers 3, ἀνώλεθρόν ἐστιν, la perception de sa présence s'estompe inévitablement au long de
l'hexamètre suivant, de sorte qu'ἀτέλεστον donne l'impression d'être suspendu entre l'expression de la 3ᵉS du verbe *être*,
placée comme lui en fin de vers dans l'hexamètre qui précède

plus qu'un texte, n'est devenu pour nous qu'une *pause logique* dont nous
sommes réduits à chercher les traces ». *Cf.* Lanérès 1994b, p. 677.

1. La concurrence entre ἐστι et la pause semble perdurer jusqu'à l'époque
du théâtre classique, sans que la structure générale de la phrase nominale s'en
trouve modifiée. *Cf.* Lanérès 1994b, p. 678.

2. Le rôle joué par les adjectifs verbaux, et en particulier quand ils sont à la
forme négative, s'expliquerait par leur nature linguistique. Ayant pris de plus
en plus la valeur modale de « possibilité », ils entrent en adéquation parfaite
avec les valeurs d'« aptitude » et de « virtualité » qui sont celles de la phrase
nominale. Mais, prédisposés à la catégorie verbale, de par leur morphologie,
qui repose sur le degré réduit d'une ancienne racine verbale, ils se spécialisent
presque toujours dans la fonction de prédicat et s'emploient beaucoup plus
souvent avec ἐστι qu'avec la pause. *Cf.* Lanérès 1994b, p. 677.

immédiatement, et l'expression d'une pause que semble venir souligner l'emploi de la coordination forte ἠδέ, qui sépare l'adjectif des autres attributs, en s'élidant, de surcroît, devant lui. Or si cet effet de brouillage et de perméabilité des frontières entre ces deux entités linguistiques que sont ἐστι et la pause reste ici encore assez discret, il devient beaucoup plus manifeste au vers 8, 32, où le deuxième adjectif verbal ἀτελεύτητον est employé au sein d'une proposition infinitive dépendant du nom féminin θέμις : οὕνεκεν οὐκ ἀτελεύτητον τὸ ἐὸν θέμις εἶναι, « c'est pourquoi c'est la règle qu'étant (ou peut-être aussi bien "que celui-ci, étant") il n'est pas inachevé ». La conséquence directe de cette forme syntaxique est évidemment que la réalisation du verbe *être* ne peut s'y faire qu'à l'infinitif, εἶναι, et non plus à la 3ᵉS, c'est-à-dire à une forme nominale qui neutralise le procès verbal et reste tout à fait indifférente à la double structuration qui ne caractérise qu'ἐστι[1]. Pour le dire autrement, ἀτελεύτητον qui, par sa nature d'adjectif verbal, se trouve originellement en suspens entre les deux types d'expression, apparaît, ici, comme c'est l'usage le plus fréquent, en compagnie du verbe *être*, mais à une forme qui désactive le rapport que celui-ci entretient avec la pause, c'est-à-dire, en quelque sorte, à une forme qui vaut

---

1. Non seulement l'infinitif est privé des désinences qui permettent à tout verbe conjugué de positionner son procès dans l'énonciation, mais il en possède une très particulière : vraisemblablement issue d'une fossilisation d'anciennes formes de datif ou de locatif de noms verbaux abstraits, celle-ci semble faire de l'infinitif une entité linguistique neutre et relativement autonome, ne servant qu'à désigner le procès verbal qu'elle représente comme le lieu même du discours qui la contient – un peu comme un contenant contenu. Pour la formation de l'infinitif, voir García Domingo 1997, García-Ramón 1997, Haudry 1968, Hettrich 1984, Meier-Brügger 2003, p. 184, F 215-216, Renaud 2005, Stüber 2000. En ce qui concerne les valeurs casuelles du datif et du locatif, voir Haudry 1977, Hettrich 1990, Kurylowicz 1977, Panagl 1983, Serbat 1996.

pour un ἐστι sans jamais valoir pleinement un ἐστι. Or cette ruse d'expression ne peut plus passer inaperçue dès l'instant qu'on a constaté que la proposition infinitive était introduite par une phrase nominale, θέμις et la pause, et que l'on sait – ou que l'on intuite en tant qu'usager habitué aux collocations de sa propre langue – qu'en diction épique, cette formule impersonnelle n'est au contraire jamais employée sans ἐστι[1]. Ce qui est donc à l'œuvre dans ce vers 8, 32, c'est la concentration du brouillage entre la pause et ἐστι, processus poétique qui semble s'amorcer, avant lui, autour de la forme ἀτέλεστον, et après lui, dans les périphrases verbales en -μένο[ν/ι] ἐστι/ εἰσι, auxquelles il est rattaché par le biais de la forme τετελεσμένον. Dès lors, en instituant dans le poème une hésitation permanente entre ἐστι et la pause en même temps que sa dissolution parfaite dans ἐστι, ces trois attributs de la famille de τέλος, construisent un ἐστι toujours absolument *là*, même lorsque sa présence est, en apparence, non manifeste. Ainsi parachèvent-ils la mouvance holosémantique du verbe *être*. Et encore, de façon exemplaire, car si ἐστι se définit par une double structuration, il se trouve que la pause en possède une aussi. En effet, de même qu'ἐστι fonctionne d'une part, en rapport avec les autres formes d'indicatif du verbe *être* et tout l'ensemble du système des conjugaisons verbales, d'autre part en complémentarité énonciative avec la pause, de même cette dernière exprime, pour la notion d'« être » en général, ce que l'aoriste gnomique exprime pour tous les autres verbes, c'est-à-dire que son emploi est en

---

1. Ce que N. Lanérès propose d'expliquer par le fait que θέμις, « justice immanente présidant aux rapports concrets entre les hommes », est de l'ordre du vérifiable et appartient au monde de la réalité concrète des instances d'énonciation, contrairement, par exemple, à χρή. *Cf.* Lanérès 1994b, p. 634-635.

correspondance parfaite avec celui de toutes les autres formes verbales conjuguées à l'aoriste. Comme l'aoriste gnomique, elle représente l'ἀ-όριστος, le « non-limité », l'« in-défini »[1]. On comprend peut-être donc mieux, dès lors qu'ἐστι absorbe cette fonction verbale qu'est la pause des énoncés nominaux, pourquoi il n'y a rien d'étonnant à ce que celui-ci, tel que l'a élaboré Parménide, soit toujours, inévitablement, à la fois achevé et inachevé, à la fois limité et illimité.

C'est donc bien un ἐστι omniprésent, au sens total d'« être là », que Parménide élabore dans son poème. Un verbe *être* qui se déploie non seulement dans toutes ses formes simultanément et d'un bout à l'autre de l'éventail de ses valeurs, mais également dans l'absence apparente de ces mêmes formes, sans qu'aucune d'entre elles ni aucune valeur ne puisse être séparée des autres formes et des autres valeurs, sous peine de dissoudre complètement le tout dont elle participe. S'il fallait employer un terme technique pour décrire cette conception archaïque globalisante de la signification, je parlerais volontiers d'*idéogénèse*, expression que certains grammairiens réservent parfois au verbe *être* français, pour rendre compte de l'originalité de son fonctionnement syntaxico-sémantique unitaire[2]. Cette expression, qui définit le verbe *être* comme un

---

1. *Cf.* Lanérès 1994b, p. 660-675.

2. G. Moignet, à la suite de G. Guillaume, choisit d'analyser le verbe *être* français en croisant les deux approches, sémantique et syntaxique, c'est-à-dire en ordonnant les diverses constructions du verbe selon le plus ou moins grand évidement sémantique qu'elles traduisent. On s'aperçoit, en effet, que d'une construction absolue à une construction auxiliaire, le sens passe de sa plénitude à son absence totale. L'*idéogénèse* est le terme qui permet de décrire ce principe de « subduction », ou de déperdition de sens : « sans cesser d'être, formellement, verbe, le verbe devient, notionnellement un mot grammatical insuffisant à signifier par lui-même autre chose qu'une catégorie formelle, et appelant, de ce fait, un complément notionnel avec lequel il devient apte à constituer, en

« mouvement de pensée » conduisant à l'idée d' « existence », a l'avantage de désigner de façon unitaire les différentes valeurs de ce verbe et de les définir comme de simples vagues d'intensité dans le flot continu de la signification. De même, dans les fragments de Parménide, de l'*idéogènèse complète* du verbe à sens plein à l'*idéogénèse interrompue* de l'outil périphrastique, le sens du verbe *être* passe dans chacune de ses réalisations morphologiques différentes comme le sang s'écoule à travers un cœur qui bat : le cœur, en quelque sorte, est toujours plein et toujours vide, et toujours le même que lui-même. Quoi qu'il en soit, avec ou sans cette terminologie, le verbe *être*, tel qu'il se dessine dans les vers de notre poète-savant, se désigne lui-même comme une entité globale et continue, dont les « membres », ses μέλεα pour prendre le terme parménidien, sont indissolublement fondus. C'est pourquoi, dans ce cas, dans le tissage particulier du poème de Parménide, il ne me semble pas pertinent d'analyser ce verbe en séparant ses différentes fonctions, ni non plus par conséquent d'en distinguer les formes accentuées et les formes non accentuées[1].

discours, un entier de signification. C'est le statut des auxiliaires. » *Cf.* Moignet 1981, p. 263.

1. Comme je l'ai déjà signalé, la différence entre ἔστι, forme tonique indiquant une valeur forte, « existentielle », et ἐστι, forme atone, désignant la copule, n'est qu'un problème de graphie et un choix d'interprétation. Dans une conception polysémique de la langue, et même holistique dans le cas particulier de Parménide, il ne me semble donc pas nécessaire d'éditer le texte avec ἐστι accentué dans la périphrase du vers 8, 35 (πεφατισμένον ἔστιν), comme le fait B. Cassin (1998, p. 160-165), pour manifester que le verbe *être* peut prendre, même ici, sa valeur forte autonymique. N. Lanérès (1994b, p. 634) le dit très clairement – et le démontre – : « traduire tantôt par *vivre, exister, être possible*, et tantôt par *être* en disant que *être* copule n'est pas le même que *être* d'existence – ce que semble confirmer la différence d'accentuation entre ἐστί et ἔστι – ne fait que masquer *l'unité fondamentale de être*, au moins dans la langue de l'*Iliade* ».

Ainsi la première partie du poème, que j'ai appelée
« développement sur l'*être* » sert manifestement à construire
un nouveau verbe *être*, métamorphique et holosémantique,
dans le sens absolu d'« être là », c'est-à-dire exactement dans
le sens originel de la racine *$h_1$es-*[1]. Le coup de force parménidien n'est donc pas « ontologique », il est énonciatif : en
entrelaçant son discours à un tel verbe *être*, le poète-locuteur
ne fait rien autre que régler les rouages de la signification de ce
discours sur le fonctionnement même du verbe *être*, et,
partant, d'offrir à la profération de sa parole la clé d'une
autorité infaillible : ce qui est dit par le poète est vrai dans tous
les sens des termes et sous toutes les formes des termes. Car ce
n'est pas tout : le métamorphisme et l'holosémantisme d'ἐστι
va jusqu'à déborder ses propres limites.

Absorption morphologico-sémantique de πέλω[2]

L'emploi des quatre formes d'infinitif (εἶναι, ἔμμεν,
ἔμμεναι et ἔμεναι, le futur ἔσεσθαι étant à part), met directement en évidence le choix fait par le poète-savant de s'exprimer dans une diction particulière, celle de l'épopée homérique. Choix qui, loin d'être anodin, relève vraisemblablement
d'une stratégie d'énonciation. La technique de l'hexamètre
épique « permettait l'accès à la science et une haute

---

1. Le fait qu'à la période proto-indo-européenne, la racine devait être
souvent précisée par des particules locales, montre que sa signification
était l'« être là », la « présence », de façon générale et indéterminée. *Cf.* Meier-
Brügger 2003, p. 54, E 505.

2. La forme habituelle de ce verbe est la forme moyenne, πέλομαι.
C'est sous cette forme qu'on le trouvera en entrée dans les dictionnaires. L'actif
πέλω, beaucoup plus rare, est poétique. C'est sous cette forme que je citerai ce
verbe, étant donné que c'est celle que Parménide emploie.

diffusion »[1]. Reposant sur une langue artificielle constituée de différentes formes dialectales et de couches stratigraphiques pouvant remonter jusqu'au mycénien, la diction épique est une diction universelle, compréhensible pour tous[2]. Mais c'est moins pour cette raison que parce qu'elle s'inscrit directement dans un espace virtuel, sans commune mesure avec celui de la langue communément parlée, qu'elle possède une efficacité fondamentale. La construction d'un verbe *être* impersonnel et métamorphique à l'intérieur d'une sorte de paradigme global situe d'emblée la parole parménidienne dans un type d'espace linguistiquement virtuel. C'est dans ces conditions que Parménide peut rendre mouvante l'omniprésence d'ἐστι et faire déborder son verbe *être* jusqu'au-delà de ses limites morphologiques.

La plupart des interprètes modernes de Parménide intègrent le verbe πέλω à la liste des occurrences du verbe *être* comme élément constitutif du cheminement « ontologique » tracé par le poème. Mais de même qu'ils font généralement peu de cas des différentes formes prises par l'infinitif du verbe *être*, ils négligent le plus souvent d'accorder trop d'importance à cet autre forme, synonymique, tout aussi caractéristique de la diction épique[3]. Ce verbe apparaît quatre fois à

---

1. Ce que rappelle J. Bollack (1965, p. 8) à propos de « l'idiome que crée Empédocle ».

2. A. Aloni et A. Iannucci la définissent comme « le degré zéro de la langue poétique ». Diction neutre et unitaire parce qu'artificielle, elle est liée au phénomène de panhellénisation du VIIIe siècle. *Cf.* Aloni, Iannucci 2007, p. 20-21.

3. P. Aubenque, notamment, ajoute, en note, à son décompte des occurrences du verbe *être* celles de πέλω, mais c'est pour lui refuser immédiatement toute valeur interprétative : « πέλειν [est] utilisé – pour de simples raisons de métrique, semble-t-il – comme synonyme de εἶναι. » *Cf.* Aubenque 1987, p. 104, n. 8. C'est à peu près ce que font les autres commentateurs lorsqu'ils signalent la présence de cette forme. Si C. Collobert indique que ce

l'infinitif, l'infinitif ionien πέλειν en 6, 8 et 8, 18, l'infinitif
éolien πελέναι en 8, 11 et 8, 45, et une fois conjugué à l'optatif, en 8, 19, si l'on accepte la leçon des manuscrits, contre le
choix de l'édition Diels-Kranz[1]. Les raisons métriques, habituellement alléguées, sont incontestables dans un rythme
dactylique qu'on sait contraignant pour le génie de la langue
grecque, mais il me semble que c'est sous-estimer, un peu
facilement, l'art et l'originalité dont pouvait faire preuve un
poète[2]. Quoi qu'il en soit de la forme non certaine de l'optatif,

« choix sémantique (…) n'est sans doute pas anodin », elle n'en tire aucune
réelle conclusion pour analyser la confrontation de τὸ πέλειν et d'οὐκ εἶναι.
Cf. Collobert 1993, p. 93, n. 3.

1. Contre la leçon πέλοιτο ἐόν des manuscrits de Simplicius, on trouve
πέλοι τὸ ἐόν. Le texte de l'édition Diels-Kranz présente quant à lui la forme
ἀπόλοιτο devant le participe ἐόν.

2. Si aucune forme de l'infinitif du verbe *être* n'est directement sub-
stituable à celles de πέλω, à l'endroit du vers où on les rencontre, il ne semble
pas pour autant que l'emploi d'εἶναι (deux syllabes longues, - -) ou d'ἔμεναι
(deux brèves et une longue, uu-), notamment, eût été à ce point impossible. En
effet, si l'on considère que τό n'a pas l'importance qu'on lui accorde souvent
dans les fragments de Parménide, en 6, 8, sa simple suppression, ou encore par
exemple l'élision d'une particule comme τε, rend possible l'emploi d'εἶναι (au
lieu d'avoir un dactyle initial -uu, οἷς τὸ πέ-λειν, on aurait un spondée - -, οἷς
εἶ-ναι). En 8, 18, ὥστε peut tout à fait s'élider devant la diphtongue initiale
d'εἶναι (ὥστ᾽ εἶναι au lieu d'ὥστε πέλειν), bien que cette élision, il est vrai,
eût été située à la césure. En ce qui concerne les deux autres infinitifs, en 8, 11 et
8, 45, la forme πελέναι se trouve placée juste après la césure penthémimère, à
la suite d'une syllabe brève (voyelle + nasale) que sa consonne initiale rend
longue par position : οὕτως ἢ πάμπαν | πελέναι… (= -----|uu-) en 8, 11 et οὔτε
τι βαιότερον | πελέναι… (= -uu-uu-|uu-) en 8, 45. La situation est, de fait, ici
beaucoup plus délicate. Si l'on considère qu'il était impossible au poète d'agen-
cer son vers autrement et qu'on le garde en l'état sans changer aucun mot, toute
substitution de πελέναι par εἶναι ou ἔμεναι le rend métriquement faux,
puisque dans les deux cas, la syllabe finale dans πάμπαν et dans βαιότερον
demeurerait brève. Reste, néanmoins, que l'on peut envisager la possibilité que
la nasale finale eût suffi à allonger ces deux dernières syllabes en jouant

les quatre formes d'infinitif apparaissent, de surcroît, en des points névralgiques du poème où leur emploi n'est peut-être pas insignifiant. Le vers 6, 8 exprime la fameuse confusion des mortels qui ne distinguent pas « être » de « ne pas être », τὸ πέλειν de οὐκ εἶναι. Si on s'attache à la syntaxe et à la forme des expressions choisies, il faut donc en conclure que les mortels ne voient pas que πέλειν n'est pas οὐκ εἶναι, autrement dit que πέλειν équivaut à εἶναι. Dans le vers 8, 11, marqué du sceau de la nécessité (χρεών ἐστιν), l'infinitif de πέλω, sous la forme πελέναι cette fois, est à nouveau opposé à « ne pas être », exprimé de façon radicale par l'emploi de la négation forte οὐχί, seule, à la fin du vers. En 8, 18, πέλειν est associé à εἶναι dans une formule qui, constituant tout le second hémistiche de l'hexamètre, correspond très exacte-ment à un binôme synonymique : πέλειν καὶ ἐτήτυμον εἶναι, l'adjectif ἐτήτυμον, à valeur adverbiale, « véritablement », ne faisant que renforcer l'équivalence sémantique des deux formes verbales. En ce sens, si l'optatif πέλοιτο du vers 8, 19, qui s'oppose au procès du « devenir » et de la « génération » exprimé par γένοιτο, est tout aussi incompatible que lui avec le verbe *être*, c'est seulement parce qu'étant associé à un

---

simplement son rôle de sonante, c'est-à-dire en se géminant, « pratique constante de la rythmique homérique » si l'on en croit P. Chantraine, pratique que la position à la césure, ici, eût, de surcroît, peut-être favorisée. Cette pratique, qui correspond à une réalité phonétique, se produit essentiellement en début de mot, la sonante initiale permettant l'allongement de la voyelle brève finale du mot précédent (*cf.* ἀπὸ νύσσης en *Il.* 23, 758), et de manière générale à l'intérieur du mot (*cf.* ἀπενίζοντο en *Il.* 10, 572, κατανεύων en *Od.* 9, 490). *Cf.* Chantraine 1963, t. 1, p. 176-177, § 70. Pour en finir, quoi qu'il en soit de la possibilité, ici, de tels remplacements, on peut simplement ajouter que c'est certainement ainsi que la diction épique a su s'adapter, au fil des récitations, à son auditoire : il y a de fortes chances, en particulier, pour que la forme ionienne εἶναι soit venue prendre la place du plus ancien ἔμμεν. *Cf.* Renaud 2006.

« après », il exprime la réitération de l'état d'« être là ». Enfin, en 8, 45, où l'on retrouve la même expression de la nécessité qu'en 8, 11 (χρεών ἐστιν), πελέναι apparaît seul, en construction prédicative, comme s'il devenait, à ce moment du discours, le synonyme accompli d'εἶναι. Le contexte d'emploi des occurrences de πέλω semble donc dessiner un parcours, à travers lequel s'échafaude une synonymie parfaite entre ce verbe et le verbe *être*. Or le sens ancien du verbe πέλω, « se mouvoir », qui ressort très explicitement dans les formes préverbées, montre que ce n'est pas exactement le cas dans l'usage courant de la langue. Si, dans sa forme simple seul semble attesté le sens affaibli de « se produire, exister, être », au point qu'il peut parfois se construire avec un adjectif prédicat comme le verbe εἰμι, il n'en appartient pas moins à la vieille famille de mots indo-européens reposant sur la racine *$k^w elh_1$-, dont le sens est très précisément « circuler », « circuler autour »[1].

Établir ce verbe comme un parfait équivalent sémantique du verbe *être*, dont le sens originel est « être là », n'est pas sans conséquences pour le discours de Parménide. À travers ce procédé, c'est en effet le fusionnement même des deux valeurs anciennes, « circuler » et « être là », qui se met implicitement en place, permettant ainsi au poète d'élargir imperceptiblement le champ polysémique du verbe *être* au-delà de ses limites habituelles. En créant une telle équivalence sémantique entre deux mots morphologiquement différents, Parménide assimile en quelque sorte le fonctionnement synonymique de la langue (deux formes différentes pour une même signification) à son fonctionnement polysémique (une seule forme

---

1. Si le *DELG* (s. v. πέλομαι, p. 846) pose une racine *$k^w el$-, le *LIV* (p. 386) en précise la forme et insiste sur l'idée de « circularité ».

pour deux significations différentes). Par cet artifice poétique, qu'on pourrait appeler « métasémantique », le sens originel du verbe πέλω est intégré à la signification coalescente globale du verbe *être* comme l'un de ses propres « membres ». Par conséquent, la valeur de chacune des formes du verbe *être*, dans la première partie du poème, se trouve enrichie. Le verbe *être* se définit désormais à la fois comme « être là » et comme « se mouvoir »[1] ; il se définit comme une présence, ici et maintenant, mais en circulation permanente sur soi-même ; il se définit, en d'autres termes, comme un *devenir immobile*.

L'importance de πέλω, dans la construction parménidienne du verbe *être*, transparaît, par ailleurs, à travers certains échos syllabiques, qui lui confèrent un aspect métamorphique, comparable à celui du verbe *être*, mais de façon plus fragmentaire. Notamment, une des définitions fondamentales de l'*être*, dans le poème, donne une importance particulière à l'adjectif ἔμπλεος, « plein de », « rempli de ». Il s'agit de la formule qui constitue le second hémistiche du vers 8, 24, πᾶν δ' ἔμπλεόν ἐστιν ἐόντος, « il est tout entier plein de ce qui est ». Outre que cette expression résume ce qui vient d'être dit sur l'unité et l'identité de l'*être* à l'intérieur de lui-même, la composition syllabique de la forme ἔμπλεον ressemble à un indice phonique rappelant et continuant le processus

---

1. La racine *$k^w elh_1$-, on l'a vu, désigne originellement un mouvement de circularité : le nom κύκλος, « cercle », notamment, est issu de la même racine. À elle seule, cette valeur ainsi rapprochée du verbe *être*, pourrait offrir un argument linguistique à une interprétation du poème en termes d'*harmonia* (*cf.* Wersinger 2008). Mais il n'est peut-être pas indifférent de noter que ce mouvement, auquel renvoie la racine *$k^w elh_1$-, constitue plus précisément un mouvement de rotation qui n'implique pas nécessairement un déplacement dans l'espace. Cf. *LIV*, s. v. *$k^w elh_1$-, p. 386, avec pour signification « eine Drehung machen, sich umdrehen » (« faire un mouvement de rotation, se retourner »).

d'assimilation du verbe πέλω par le verbe εἰμι. En effet, par un
jeu de décomposition que la grammaire comparée honnirait
trois fois[1], on peut isoler ἔμ-, représentant de la préposition ἐν,
« dans », la séquence -πλ- qui renvoie aux deux consonnes
constitutives de la racine de πέλω et qui en évoque le degré
réduit[2], et enfin le groupe -εον qui entre en résonnance directe
avec la forme même du participe du verbe *être*. Ainsi, à travers
ses éléments phoniques, et par jeu de déconstruction poétique,
cet adjectif devient une autre entité linguistique définissant
l'*être* comme un « étant » (-εον) qui contient du πέλειν (-πλ-)
à l'intérieur de lui (ἔμ-). On peut ne pas prendre au sérieux
cette voie d'interprétation, mais il me semble que l'emploi de
la forme verbale πελάζει, dans le vers qui suit immédiatement, pourrait en offrir confirmation. Ce verbe, conjugué à la
3eS, qui apparaît à la fin du vers 8, 25 : ἐὸν γὰρ ἐόντι πελάζει,
« car "étant" touche à "étant" », file doublement le jeu poétique
et complète ainsi le processus métasémantique à l'œuvre dans
le fragment : phoniquement, d'une part, puisque la séquence
sonore πελ- renvoie directement au verbe πέλω, sémantiquement, d'autre part, puisque dans la formule à laquelle il
appartient, πελάζει exprime un mouvement de va-et-vient,
un retour continuel sur soi-même, c'est-à-dire une sorte de
mouvement immobile, le mouvement même qui définit le
verbe *être* parménidien, enrichi de la valeur sémantique de
πέλω. Enfin, quelques vers plus loin, en 8, 30, l'adverbe
ἔμπεδον, en tant que quasi homonyme d'ἔμπλεον, semble
parachever l'élaboration métamorphique et métasémantique

---

1. On sait, en effet, qu'ἔμπλεος est un adjectif composé, dérivé de la même
racine que πίμπλημι, *pleh₁-*, dont le sens est « remplir », « accomplir ».
2. Degré réduit, par ailleurs, certes rare, mais qu'on rencontre malgré
tout, dans les poèmes homériques, à l'imparfait, ἔπλετο (*Il.* 12, 271), et surtout
à l'aoriste ἔπλε (*Il.* 12, 11), ἔπλεο (*Il.* 22, 281).

du verbe *être*. Par sa nature adverbiale, par sa forme, par ses consonances, il fait directement écho à ἔμπλεον. Ce qui le relie indirectement au verbe πέλω. Mais par sa signification, « immuablement fixé au sol », il évoque en quelque sorte le sens originel d'εἰμι, « être là, ici et maintenant », c'est-à-dire une présence pragmatique indifférente au mouvement.

Du verbe *être* à πέλω, dont l'infinitif est lui aussi polymorphe (πέλειν et πελέναι), et dont la forme phonique est manifestement égrainée dans le fragment, le chemin poétique nous reconduit donc au verbe *être*. Car dans la première partie du vers 8, 30, ἔμπεδον est étroitement associé au verbe μένω, « rester ferme », comme c'est souvent le cas dans le contexte guerrier de la diction épique : χοὖτως ἔμπεδον αὖθι μένει…, « et c'est ainsi qu'il reste là, bien enraciné ». Or le radical de ce verbe, μέν-, est précisément la séquence phonique qui entre dans la constitution de toutes les formes éoliennes de l'infinitif du verbe *être*, ἔμμεν, ἔμμεναι et ἔμεναι. Peu importe que dans le cas de ces formes il s'agisse d'un élément de la désinence d'infinitif sans rapport avec la racine *men-* ; ce qui compte ici c'est que l'apparence morphologique du verbe *être* contient en elle la séquence sonore renvoyant à l'idée de « rester là », et que cette séquence était très certainement perçue dans son unité sonore par une oreille qui n'a jamais connu de composition poétique qu'oralisée lors d'une *performance* particulière[1]. Ainsi, le fil des correspondances phoniques, prolonge donc en sous-main, l'élaboration d'un verbe *être* unique, métamorphique et holosémantique.

---

1. Le terme *performance* fait, je crois, l'unanimité depuis l'ouvrage fondamental de G. Nagy (2000). On comprend peut-être mieux ici pourquoi j'ai insisté, dans mon introduction, sur l'importance du contexte d'énonciation dans le cas d'un poème savant de la période archaïque.

L'analyse que je viens de proposer, si elle était poursuivie, découvrirait peut-être d'autres éléments pour confirmer cette dimension du poème qui n'apparaît pas directement à sa surface. Quoi qu'il en soit, il apparaît finalement que le développement sur l'*être*, dans le poème de Parménide, construit un monstre verbal, dont la polysémie et le polymorphisme excèdent les limites linguistiques habituelles.

Au risque d'être happé tout à fait dans le tourbillon des correspondances, à la fois phoniques et étymologiques, il faut encore ajouter à ce qui précède une dernière remarque : les trois attributs de l'*être*, par lesquels j'ai commencé mon approche et qui structurent manifestement l'ensemble du fragment 8, ἀτέλεστον (8, 4), ἀτελεύτητον (8, 32) et τετελεσμένον (8, 42), nous renvoient peut-être, eux aussi, indirectement au verbe *être*. En effet, ces trois formes dérivent probablement d'une même racine *telH-*, qui aboutit phonétiquement en grec à la séquence -τελ-. Or il se trouve que cette séquence correspond aussi à la réalisation phonétique de la racine *$k^w elh_1$-*, celle de πέλω, en dorien de Crète. Il existe ainsi une forme crétoise τέλομαι, parfaitement parallèle à πέλομαι, mais employée comme un futur, signifiant très exactement « je serai ». Ce traitement n'a rien de vraiment marginal puisqu'on trouve, par ailleurs, dans le formulaire épique, des formes d'un verbe dérivé τελέθω, dont le sens « apparaître », « être », en fait un synonyme du verbe *être*. À quoi l'on pourrait aussi ajouter qu'il l'est peut-être d'autant moins que, dans le processus linguistique d'élimination de l'ancienne labiovélaire *k^w-*, c'est l'altération en dentale (-τ-), et non en labiale (-π-), qui constitue, dans ce cas, la réalisation phonétique attendue[1]. Il n'est donc pas impossible que Parménide ait eu connaissance de ces formes dialectales. Dans ce cas, l'importance que le poète semble attacher à la notion d'« achèvement » à travers les trois termes ἀτέλεστον, ἀτελεύτητον et τετελεσμένον, prend une autre dimension. Par la séquence sonore de leur radical commun, -τελ-, ils renvoient implicitement au verbe πέλω[2]. Ce qui signifie que le noyau même de leur aspect morphologique contient en lui la présence de l'*être* et que, par conséquent, ces mots, tout comme πέλω, acquièrent, dans le poème, la faculté de se dédoubler, assumant le sens qu'ils ont dans l'usage commun

---

1. L'altération en dentale (τ) de la labiovélaire sourde, *k^w*, devant une voyelle de timbre *e*, constitue la seconde phase du processus d'élimination des labiovélaires, dans l'ensemble des dialectes sauf en éolien et en cypriote, où elles se conservent telles avant de s'altérer en labiale, caractéristique qui singularise tous les parlers éoliens dans la dernière phase de l'évolution phonétique des labiovélaires. D'un point de vue phonétique, c'est donc πέλομαι qui fait figure d'exception, et non τέλομαι. *Cf.* Lejeune 1987, p. 47, § 34 : « de *k^wel*-"circuler", dor. (crét. cyr.) τέλομαι, mais hom. (éol.) πέλομαι, en regard de myc. part. *qe-ro-me-no* ». Sur τέλομαι et le dérivé τελέθω, voir *DELG*, s. v. τέλομαι, p. 1062-1063 et *LIV*, s. v. *$k$welh₁*- (respectivement *k^welh₁-e*- et *k^welh₁-d^he*-), p. 386.

2. Ce rapprochement n'a, en fait, rien de surprenant et était même peut-être plus évident pour les destinataires grecs du poème que pour nous. En effet, si les linguistes, aujourd'hui, semblent plutôt rattacher les mots dérivés de τέλος à la racine *telh₂*-, on a aussi pu soutenir que ceux-ci résultaient d'une confusion avec la racine *k^welh₁*- : « le sens de « terme », « but » [partant, d'« achèvement »], serait issu de l'idée de « tournant » à l'extrémité d'une piste, d'un sillon, et appartiendrait à la racine *k^welh₁*- de πέλομαι, τέλομαι, etc. » Cf. *DELG*, s. v. τέλος, p. 1064, partie étymologique. Or il est tout à fait probable que cette confusion corresponde à une réalité, du point de vue synchronique, pour les usagers de la langue, favorisée, précisément, par les relations sémantiques, et surtout phoniques, qui existent entre ces mots et que la poésie a

de la langue et jouant en même temps le rôle de pures entités linguistiques, de σήματα signalant de façon cryptée que le verbe *être* est là.

Cela n'est pas indifférent si l'on se souvient que les trois formes ἀτέλεστον, ἀτελεύτητον et τετελεσμένον, qui scandent le fragment 8, décrivent un mouvement de va-et-vient à partir d'un centre, conférant à l'ensemble de la composition une structure assimilable au *boustrophédon*. Le verbe *être*, défini comme métamorphique et holosémantique, est le centre fondamental de ce mouvement qui va dans un sens et dans l'autre, mouvement qui définit très exactement celui de la signification d'ensemble du discours, en circulation perpétuelle à l'intérieur des limites du poème. Le verbe *être*, en d'autres termes, représente le support linguistique qui permet au poète de construire un discours polymorphe et polysémique, capable de rayonner dans un sens et dans l'autre comme en tous sens, et jusqu'au-delà de ses limites formelles apparentes, c'est-à-dire le support d'un discours infailliblement vrai [1].

pu exacerber, comme c'est vraisemblablement le cas ici. En particulier, le verbe τελέθω, qu'on trouve 7 fois dans l'*Iliade* et 5 fois dans l'*Odyssée*, semble toujours associer les valeurs d'« accomplissement », d'« apparition » et de simple « présence » (« être là »). L'exemple le plus caractéristique est celui du vers 7, 282 = 7, 293 de l'*Iliade* : νὺξ δ᾽ ἤδη τελέθει, qu'on peut très bien comprendre comme « la nuit est déjà là », ou « voici la nuit qui apparaît », ou encore « la nuit est désormais installée ».

1. J. Bollack affirme que l'approche de la langue, chez Parménide, repose sur « la convention d'un artifice sémantique qui ne touche pas seulement la valeur des mots, mais leur formation et tout le système linguistique ». *Cf.* Bollack 2006a, p. 49. En voilà, me semble-t-il, une illustration non négligeable.

« LE VIDE EST STATUE. LE SOCLE EST LÀ : [ἐστι] » [1]

Le substrat du discours

Le verbe *être* de Parménide se caractérise, on l'a vu, par une valeur sémantique allant se déployant non seulement dans toutes les formes de son paradigme propre, amplifié de façon explicite, d'un bout à l'autre de son domaine d'emploi, mais encore à travers les autres formes linguistiques du discours dont il s'enrichit morphologiquement et sémantiquement. De sorte que ces autres mots, « éléments », ou « membres » (μέλεα), du discours, sont comme les « signes » (σήματα) de la présence, partout possible, du verbe *être*[2]. Ainsi, ce que montre la structure linguistique sous-jacente de la première partie du poème, consacrée à l'élaboration d'un tel verbe, c'est qu'il ne faut pas se fier aux apparences des mots sur lesquelles repose l'usage commun de la langue : la vérité du discours est au-delà de ce que laissent transparaître son aspect morphologique et sa valeur sémantique.

Aussi, me semble-t-il, est-ce dans le sens de cette mise en garde qu'on peut comprendre ce passage fondamental du poème que constitue l'enchaînement du fragment 7 avec les vers inauguraux du fragment 8. En effet, dans le dernier vers du fragment 7, le poète-locuteur appelle justement le

---

1. La formule originale de M. Duras est la suivante : « Le vide est statue. Le socle est là : la phrase. » (*Le ravissement de Lol V. Stein*, Paris, Folio-Gallimard, 2003, p. 115 [1ʳᵉ éd. 1964]).

2. Ce dont T. Ruben, notamment, semble avoir eu l'intuition sans le démontrer. La structure annulaire qu'elle relève dans le fragment 8 lui permet, en effet, de « mettre en parallèle σήματα (2) et ὄνομα (38) » : « on a ainsi envie de comprendre σήματα comme "signes de langue", comme "noms signifiant" véritablement l'être, par opposition aux noms (ὀνόματα) fixés par les mortels (…) ». *Cf.* Ruben 2007, p. 169.

destinataire à être attentif à sa parole et à ses mots, avant de
poursuivre ainsi :

> μόνος δ' ἔτι μῦθος ὁδοῖο
> λείπεται ὡς ἐστίν· ταύτῃ δ' ἐπὶ σήματ' ἔασι
> πολλὰ μάλ', ὡς ἀγένητον ἐὸν καὶ ἀνώλεθρον ἐστιν,
> οὖλον μουνογενές [1] τε καὶ ἀτρεμὲς ἠδ' ἀτέλεστον·
> οὐδέ ποτ' ἦν οὐδ' ἔσται, ἐπεὶ νῦν ἔστιν, ὁμοῦ πᾶν,
> ἕν, συνεχές· (B 8, 1-6 DK) [2]

Ce passage est l'un des plus importants dans la progression
argumentative de la première partie du poème. Selon une
interprétation ontologique, il « déploie les conséquences de
l'interdit jeté sur le non-être » en enrichissant l'*être* de ses
prédicats essentiels ; lesquels, seuls, pourront permettre le
surgissement du « sujet », le « ce » qui est [3]. Si au contraire on
ne se concentre que sur les éléments linguistiques, ce passage
se révèle important pour une autre raison. On va voir qu'il
donne, en quelque sorte, la clé du fonctionnement du verbe
être dans le poème. En se tenant strictement à l'ordre

---

1. Les manuscrits offrent de multiples variantes pour ce vers, en particulier
dans sa première partie. Je reprends ici la leçon la plus souvent retenue
désormais, et qui est celle de Clément, Simplicius, Théodoret 102 et Philopon.
Cf. notamment B. Cassin (1998, p. 84), mais également J. Bollack (2006,
p. 142). La leçon que présente l'édition Diels-Kranz, ἐστι γὰρ οὐλομελές, a, en
effet, la faiblesse de reposer sur une nécessaire correction du vers.

2. Le texte est celui de Diels-Kranz, sauf pour la correction indiquée dans
la note précédente. Je reproduis, ici, la traduction de J. Bollack (2006, p. 142),
sans nullement la prendre pour autant à mon compte : « Seul reste encore en lice
le récit/ du chemin que « est ». Là sont disposés des signes, / tout à fait nombreux, à savoir que l'étant est sans naissance et qu'il est aussi sans destruction, /
entier, seul né, et aussi bien intrépide et sans fin./ Et il n'était pas non plus dans
le passé, et il ne sera pas, parce qu'il est maintenant : ensemble, tout, / un,
continu. ».

3. *Cf.* Laks 2004, p. 7 et 11.

syntaxique des deux premiers vers, l'expression de 8, 1, μόνος δ' ἔτι μῦθος ὁδοῖο, apparaît comme un premier énoncé nominal, indépendant, sans verbe conjugué, ni non plus sans copule. Dans ce cas, la structure d'ensemble trouve un meilleur équilibre si l'on interprète le génitif ὁδοῖο comme un ancien génitif-ablatif adverbal, complément de l'adjectif μόνος, plutôt que comme le génitif adnominal de μῦθος; μόνος se construisant en effet avec le génitif dans le sens de « isolé de », « privé de »[1]. Le nom μῦθος, qu'on oppose traditionnellement à λόγος en est, en fait souvent, un proche synonyme, renvoyant à la « parole » de façon plus indéfinie, comme un contenu de signification[2]. Contrairement au λόγος qui contient aussi une notion d'intention et de réciprocité et qui désigne plutôt la parole en acte, le μῦθος est en quelque sorte une parole inactivée, une parole en puissance[3]. Enfin, le nom

1. Pour les emplois du génitif-ablatif voir Chantraine 1963, t. 2, p. 63-64, § 78. On sait que le génitif grec continue l'ablatif indo-européen dans la fonction qu'il avait d'indiquer un point de départ, une séparation. Il n'est peut-être pas indifférent, eu égard au poème de Parménide, de noter qu'on trouve de nombreux exemples homériques où l'idée de « (s')éloigner de », « (s')écarter de », « être privé de », qui se construit avec ce type de complément au génitif, se rencontre très souvent avec le nom de la « route », du « chemin », κελεύθου. Cf. notamment Il. 11, 504, Od. 1, 195, et en particulier 4, 380, où l'idée d'écartement est contenue tout entière dans le seul génitif. En ce qui concerne l'emploi de μόνος avec le génitif, voir Eschyle, Supp. 748, Sophocle, Ph. 172, Aj. 510.

2. Voir, entre autres, l'article « Muthos et Logos » dans Vernant 1974, p. 196-200 : « les valeurs sémantiques (de μῦθος et λόγος) sont voisines et se rapportent aux diverses formes de ce qui est dit ». Les analyses de C. Calame, en particulier Calame 1991, p. 190, vont dans le même sens. Sur la coexistence de μῦθος et λόγος à époque archaïque, voir aussi Meyer 1999, p. 37-45. Pour la nuance de sens entre les deux termes, voir Fournier 1946, p. 211-224.

3. Pour un bon aperçu des interprétations de μῦθος en ce début du fragment 8, je renvoie à Cassin 1998, p. 19-22, et en particulier n. 1, p. 21-22. En ce qui concerne la double leçon μῦθος / θυμός, il me semble que les jeux morphologiques, étymologiques et phoniques qu'on a vus à l'œuvre dans les fragments,

féminin ὁδός, qu'on traduit par « voie » ou « chemin », est morphologiquement un nom d'agent dérivé d'une ancienne racine **sed-* ayant fini par signifier « aller quelque part » ; de sorte que ἡ ὁδός est originellement « celle qui va ». Son champ sémantique large, recouvrant à la fois l'idée de « chemin », de « direction » qui mène à un but, et de « méthode », fait assez penser à celui du mot *sens* en ancien français, qui, signifiant à la fois la « direction » et la « faculté », l'« entendement », en est venu aussi à désigner la « signification linguistique » [1]. Qu'on accepte ou non ce rapprochement lexical, on peut donc traduire ainsi le vers 8, 1 : « la parole est encore privée de route/ de direction/de sens », route, direction ou sens que le locuteur, par l'impératif κρῖναι, juste avant en 7, 5, semble alors exhorter le destinataire à choisir. À moins que le vers suivant ne l'en dispense, en mettant immédiatement en marche la parole du locuteur-poète, de façon originale.

Le vers 8, 2, en conservant l'ordre strict des mots, nous dit en effet « reste ἐστι (*est*) ; sur elle/ lui (c'est-à-dire la route/ la direction/ le sens), des signes sont ». Selon cette lecture au fil

suffisent à montrer qu'il est tout à fait possible que l'un ait contenu l'autre, dans l'esprit du poète. Le μῦθος serait d'une certaine façon le θυμός de la parole, l'élan vital qui la fait exister.

1. La racine **sed-* a pour sens premier « s'asseoir quelque part ». C'est à partir de ce sens, contenant l'idée d'« aller quelque part pour s'y asseoir », que sa valeur semble avoir évolué, notamment par l'intermédiaire de prépositions, en « aller quelque part ». Cf. *LIV*, s. v. **sed-*, p. 514, n. 1. Pour le champ sémantique de ὁδός, beaucoup plus étendu que celui de κέλευθος, voir *DELG*, s. v. ὁδός, p. 746-747. Le nom français *sens* est issu du télescopage sémantique entre deux mots aboutissant phonétiquement à la même forme à partir, l'un d'un étymon germanique *sinn*, signifiant « chemin », « direction », l'autre du latin classique *sensus*, renvoyant notamment à la sensitivité et à l'entendement. Cf. *TLF*, s. v. *sens*, t. 15, p. 319-325 et en particulier les parties étymologiques du sens 1 (« faculté, capacité » et « propriété d'un objet de pensée, signe »), p. 323, et du sens 2 (« mouvement, ordre, direction »), p. 325.

des mots, la première partie, la proposition λείπεται ὡς ἐστίν, en contraste immédiat avec l'énoncé nominal précédent, est un coup de force qui confirme le fonctionnement original du verbe *être* dans le poème. En effet, après l'expression de 8, 1 qui, en tant que phrase nominale, peut fonctionner de manière autonome sans nul besoin de copule, Parménide affirme la présence irréductible d'un ἐστι fort, en construction absolue. Autrement dit, il faut comprendre qu'ἐστι, copule-verbe plein, est total et partout, y compris déjà dans μόνος δ' ἔτι μῦθος ὁδοῖο.

De surcroît, à regarder de près la seconde partie du vers, ταύτῃ δ' ἐπὶ σήματ' ἔασι, on constate que ce qu'elle affirme, à savoir la présence de σήματα, d'indices, est en fait une désignation de ce qu'elle est elle-même, un indice de lecture. Si la syntaxe du vers tout entier est manifestement déliée et ambiguë, on s'aperçoit que, de cette façon précise, l'ordre des mots, et l'espace de liberté que celui-ci ménage entre eux, autorise, à l'intérieur même du vers, une double lecture, dans un sens et dans l'autre. On s'aperçoit, en d'autres termes, que le vers 8, 2 est un vers *boustrophédon*, et qu'il contenait déjà en lui le signe qui l'indique. La préposition ἐπί, est en effet en anastrophe, c'est-à-dire en position inverse par rapport à son régime, le pronom ταύτῃ, indiquant ainsi explicitement le sens inverse de la lecture habituelle, de gauche à droite. Or dans ce sens, le vers se comprend, sans trop de difficulté, exactement de la même façon : *ἔασι σήματα ἐπὶ δὲ ταύτῃ· ἐστιν ὡς λείπεται, « il y a des signes sur elle/ lui ; ἐστι (*est*) demeure »[1]. Dans un sens ou dans l'autre, ἐστι, forme

---

1. Dans un sens ou dans l'autre, si je ne traduis pas la conjonction ὡς, c'est que je la considère ici comme une simple béquille syntaxique, au même titre, par exemple, que le syntagme *de ce que*, dans l'énoncé « je m'étonne *de ce*

représentative du verbe *être*, est donc toujours « ce qui reste »,
le substrat à partir duquel la signification peut se déployer
dans un sens et dans l'autre, le substrat à partir duquel, dans
le fragment 8, la signification peut cheminer d'ἀτέλεστον
à τετελεσμένον et de τετελεσμένον à ἀτέλεστον, en
passant par le relais d'(οὐκ) ἀτελεύτητον, comme on
l'a vu plus haut[1].

Mais ce n'est pas tout. Au terme de cette lecture
boustrophédon, la structure syllabique même de la forme
conjuguée λείπεται, en offre un redoublement, et partant, une

que des indices existent ». Il me semble que cette interprétation s'accorde
assez singulièrement avec le cas de « syntaxe non-explicite », ou déliée, que
H. Kurzova a mis en évidence de façon remarquable pour le vers initial du
fragment 6. Dans cet hexamètre, où elle restitue le second τὸ des manuscrits
devant νοεῖν, elle donne, pour huit mots, trois infinitifs et un participe, huit
interprétations différentes, chacun des mots pouvant entrer en interaction
syntaxique avec les autres de diverses façons possibles. La structure syntaxique
du vers 6, 1 se révèle ainsi parfaitement adaptée à une formule particulière,
« which, not violating the rules, exceeds the syntactic norm, the normal use ».
Dès lors, ce qui y est dit, quel que soit le sens dans lequel on le prend, est
toujours un *être là*, toujours infailliblement « vrai » : « This means to understand
our sentence not as a statement about the necessary being of speaking and
thinking, but about the necessary being of what is spoken and thought ».
Cf. Kurzova 2006, p. 355-360, en particulier p. 358 et la conclusion p. 359.

1. On pourrait peut-être voir, dans cette élaboration du verbe *être* comme
substrat, une manifestation, chez le poète, de la transformation du fonctionnement rhapsodique de la récitation épique défini par C. Darbo-Peschanski
comme une « série d'*hupobolai* » allant de la Muse à l'aède et d'un rhapsode à
l'autre, c'est-à-dire comme la succession permanente de discours reposant tous
« sur l'unité d'un discours substrat » dont ils saisissent à tour de rôle le « cours
sous-jacent ». La notion d'« *hupobole* », action de « jeter par en dessous », qui
permet de rendre compte de la combinaison de la rupture et de la continuité dans
la composition et la transmission de la poésie épique, n'est plus opérante ici,
tout comme elle ne l'est plus pour définir le discours historique : ἐστι, et le
verbe *être* dans son ensemble, est le substrat irréductible qui fonde la continuité,
la perpétuité, du discours savant. *Cf.* Darbo-Peschanski 2011, p. 38 et 40.

confirmation. La dernière syllabe en moins, λείπε-ται, en effet, n'est autre que la forme inversée de la 3ᶜS du verbe πέλω, πέλει. Ainsi, ce procédé de *boustrophédon* dans le *boustrophédon* confirme, d'une part, qu'ἐστι est le centre omniprésent d'une signification pluridirectionnelle, et explique, d'autre part, en le complétant, son fonctionnement métasémantique : ἐστι contient à la fois la valeur de πέλω et celle de λείπω, autrement dit le verbe *être* parménidien est en même temps un « être là », un « mouvement de circulation » et « ce qui reste ». Or, « ce qui reste » du discours, c'est aussi bien le « substrat » sous-jacent de tout ce qui constitue ce discours, que « ce qui subsiste » en-deçà et au-delà de ses limites. En passant par λείπεται, le verbe *être* renvoie donc finalement à un « être là » irréductible, tout autant qu'à un « être ailleurs », c'est-à-dire un « n'être pas là ». Ce qui signifie qu'en passant par λείπεται, le verbe *être* inclut, en quelque sorte, sa propre négativité. Il peut donc se définir, en même temps, comme un « tout », πᾶν, en 8, 5, et comme « tout ce qui reste » quand tout a été enlevé. Aussi n'est-ce peut-être pas un hasard si tous les adjectifs prédicats des vers 8, 3-5, contiennent soit dans leur aspect morphologique, soit dans leur aspect phonique, une forme de négation. En effet, ἀγένητον, ἀνώλεθρον, ἀτρεμὲς et ἀτέλεστον sont tous des composés en ἀ- privatif, lequel se définit comme une négation lexicale. Quant à οὖλον et μουνογενές, l'assonance de leur première syllabe en οὐ- apparaît comme un écho anticipateur de la double négation syntaxique οὐδέ en 8, 5. Pour finir, l'expression ὁμοῦ πᾶν associe les deux sonorités ου et α, πᾶν effectuant, de surcroît, un mouvement de retour vers le vers 8, 2 en rappelant, par son assonance avec ἔασι, que cette forme dialectale de 3ᶜP du verbe *être* contenait déjà en elle la voyelle α, porteuse d'une négativité potentielle.

Les tout premiers vers du fragment 8, le vers 8, 2 essentiellement, et les vers 8, 3-5 dans une moindre mesure, confirment donc ce qu'une analyse de l'essaimage du verbe *être* dans le poème nous a d'abord révélé. Ἐστι est total, métamorphique, holosémantique, et omniprésent. C'est d'ailleurs ce qu'expriment justement, à leur manière, les deux derniers attributs en 8, 6, ἕν et συνεχές, « un » et « continu », c'est-à-dire une totalité globalisante. Globalisante, de surcroît, au point qu'elle inclut finalement aussi, dans le discours, sa propre forme négative, οὐκ ἐστι. Ce qui est à l'œuvre, dans le poème de Parménide, c'est donc moins un « interdit jeté sur le non-être » que la proclamation de la présence absolue et totale du verbe *être* dès l'instant que le discours existe. Dès l'instant que la parole est proférée, à la condition qu'elle soit telle que le poète l'a élaborée et reçue comme telle par son destinataire, l'*être* est là, partout. L'opposition fondamentale du poème entre l'*être* et le *non être* n'est donc plus opérante, ou plutôt n'est-elle qu'une façade faisant signe vers une autre direction : la question, clairement formulée, est, en effet, d'être capable de « juger » du discours (κρῖναι δὲ λόγῳ), c'est-à-dire de « choisir » entre les deux « voies », celle de l'*être* et celle du *non être*, le *non être* n'ayant ici aucune réalité intra-discursive, et la voie lui correspondant n'étant qu'un mode d'interprétation erroné du poème, ne reconnaissant pas au verbe *être* la nature qui est la sienne [1].

Dans la voie de l'*être*, qui n'est qu'un état linguistique profond du discours, rien n'empêche que le verbe *être* soit

---

1. Ceci est donc tout autre que d'affirmer que « le rejet de la route négative n'est pas un rejet de la prédication négative en général » (Mourelatos 2008, p. 75).

à la fois un πέλει et un λείπεται, qu'il soit véritablement un
devenir immobile, toujours achevé et toujours inachevé, aussi
inconcevable cela soit-il dans la réalité physique apparente[1],
qu'il soit, finalement, toujours ce qui reste : λείπεται ὡς
ἐστίν, « il reste (*à savoir*) ἐστι ». Dès lors, il faut comprendre
que ce verbe, tel que conçu par Parménide, et dont ἐστι
est la forme désignative, représente à la fois tout le discours

---

1. On sait que de l'impossibilité du non-être découle l'impossibilité du
mouvement et l'impossibilité de la pluralité. Ce qui fonde apparemment le
paradoxe qu'on reconnaît habituellement entre la première partie du poème,
définissant un système ontologique, et la seconde, expliquant la naissance et le
devenir d'un « *kosmos* » et de ses « membres ». Anaxagore et Empédocle, par
une sorte de compromis, auraient réintégré, dans leurs systèmes physiques,
aussi bien le mouvement que la pluralité, sans remettre en cause l'inexistence
du non-être. Il revient aux atomistes, Leucippe et Démocrite, d'avoir véritablement rendu possible une *Physique*, en comprenant que « la tâche, imposée par
le défi parménidien, de penser le non-être, était de fait liée à la différenciation
des sens de l'être », puisque, dans un certain sens, le vide, nécessaire au mouvement, *existe*. Sur ces questions, je renvoie ici à la communication qu'A. Laks a
publiée au sujet de la négativité : Laks 2004, en particulier, p. 14-20 (p. 16-17
pour la citation). L'être et le non-être de Parménide peuvent bien être des
« entités physiques », je ne vois pas, pour autant, ce qui nous autorise à penser
qu'il n'aurait pas songé à leur « dimension sémantique » (p. 20). S'il est vrai,
comme il semble ici, que la fonction du verbe *être* parménidien était, avant
toute chose, énonciative, le paradoxe s'effrite et la distance qui sépare les deux
parties du poème est considérablement réduite. Il pourrait ne pas être impossible, en effet, que Parménide fût moins physicien-*kosmologue* que *kosmologue*-
psychagogue. Car ce n'est sans doute pas à la légère que Platon le désigne
comme le « père » de la philosophie. Le parricide du *Sophiste* n'en est, au fond,
peut-être pas un, ou plutôt concerne-t-il moins l'ontologie, que l'art d'instituer
l'autorité de son discours : parricide d'une interprétation restreinte et vraisemblablement commune aux lettrés d'alors, selon laquelle l'être est un et immuable, mais héritage d'une méthode énonciative sous-jacente, englobante. Sur la
constitution du discours philosophique de Platon par intégration et exclusion
des autres discours de savoirs contemporains, voir Desclos 2003.

et son principe irréductible[1], la condition même qui rend possible le λόγος du poète-locuteur par lequel (λόγῳ) un interlocuteur, adressé à la 2ᵉS, est appelé à juger de la vérité (κρῖναι)[2].

1. L'importance, en grec, du verbe λείπω, au moyen-passif, pour désigner dans un discours le point essentiel sans lequel le reste n'est pas possible, transparaît assez nettement dans les sept occurrences qu'on en trouve, au participe moyen-passif, dans les dialogues de Platon : *Philèbe* 67 b 13, *Ménexène* 236 d 7, 246 c 3, 246 e 1, *Phèdre* 266 d 4, *Gorgias* 502 c 7, *Lois* 7, 807 a 4. À part en *Ménexène* 246 c 3, où il désigne les enfants qui survivent à ceux qui sont morts au combat, le participe λειπόμενος est toujours plus ou moins directement associé au discours. Je remercie M.-L. Desclos d'avoir attiré mon attention sur ce point. L'exemple, peut-être le plus révélateur, est celui du *Philèbe*, puisque la seule occurrence de ce participe constitue le dernier mot du dialogue : ὑπομνήσω δέ σε τὰ λειπόμενα, « je te rappellerai ce qui reste à traiter ». Si le dialogue semble se conclure sur la vérité des paroles de Socrate, le neutre pluriel τὰ λειπόμενα indique explicitement que l'essentiel n'a pas été dit. Mais surtout, il renvoie cet « essentiel » au-delà des limites du dialogue, le situant dans l'espace interstitiel, continu et ininterrompu du discours, qui constitue l'en-deçà et l'au-delà du dialogue, et représente le liant fondamental entre tous les dialogues, comme aussi entre le locuteur et tout destinataire extérieur au dialogue lui-même. Ce qui correspond très exactement à ce qu'a démontré M.-L. Desclos pour d'autres dialogues, comme *Lysis*, *Charmide*, la *République* et *Parménide* où les récits de Céphale et de Socrate sont adressés à un « auditeur anonyme et muet » (2001, en particulier, p. 84-87).

2. En quoi, comme on va le voir, mon approche reste encore une fois en-deçà des considérations conceptuelles et philosophiques, en ce que les questions de dualité ou d'unité du poème, de pluralité des choses ou de monisme, n'ont pour elle aucun sens. Il me semble que, s'il ne s'agit pas pour Parménide d'enseigner ce qu'est l'Être, il ne s'agit pas non plus, comme le suppose le « focalised monism » de Ch. Robbiano (2006, voir notamment p. 129 et 208) de transformer l'attitude mentale de son auditoire, en lui enseignant comment adopter une perspective particulière selon laquelle l'Être est tel qu'il est dit. Il apparaît plutôt que l'élaboration du verbe *être* comme substrat du discours tout autant que comme globalité du discours dans son ensemble sert à fonder l'autorité du discours savant et à imposer un nouveau savoir sur le monde comme toujours déjà partagé.

Le lieu virtuel du discours

Deux autres vers, qui s'intégraient vraisemblablement dans l'économie de la première partie du poème, semblent confirmer cette mise en scène du verbe *être* comme support fondamental du discours. Il s'agit du fragment 5, transmis par Proclus :

$$\xi \upsilon \nu \grave{o} \nu \, \delta \grave{e} \, \mu o i \, \grave{e} \sigma \tau \iota \nu,$$
$$\grave{o} \pi \pi \acute{o} \theta \epsilon \nu \, \mathring{a} \rho \xi \omega \mu \alpha \iota \cdot \tau \acute{o} \theta \iota \, \gamma \grave{\alpha} \rho \, \pi \acute{\alpha} \lambda \iota \nu \, \mathring{\iota} \xi o \mu \alpha \iota \, \alpha \mathring{\upsilon} \theta \iota \varsigma.$$
(B 5, 1-2 DK)

(…) (l'"élément"/ce qui est) commun est en moi,
par où que je commence, car c'est là que je reviendrai de nouveau.

Par les hasards de la transmission fragmentaire du poème, le premier vers de ce fragment, parce qu'il est incomplet et manifestement isolé de son contexte immédiat, offre une syntaxe aussi déliée et ambiguë que celle du vers 8, 2[1]. L'absence d'accent sur la forme du verbe conjugué, ἐστιν, nous indique que H. Diels et W. Kranz, comme d'ailleurs la plupart des éditeurs après eux, ont choisi de l'interpréter dans sa fonction de copule. En ce sens, et hors contexte, la proposition « (l'"élément"/ce qui est) commun est en moi » peut facilement s'interpréter comme une sorte de définition de « l'appareil formel de l'énonciation ». En effet, l'attribution du prédicat « commun » (ξυνόν) à l'instance de l'énonciation, c'est-à-dire à la 1re S prenant en charge le discours, ici représentée par

---

1. Pour les grandes lignes des problèmes d'analyse que pose ce fragment 5, et en particulier la place qu'il est censé occuper dans la progression argumentative du poème, je renvoie ici à l'article de P. Destrée (2000). Ce dernier préfère partir de l'interprétation que Proclus en avait fait le premier, à savoir que le sujet de l'attribut ξυνόν n'est autre que « l'être lui-même », pour étayer sa conception circulaire de la « communauté de l'être ».

le pronom personnel μοι, la désigne implicitement comme le centre convergent de l'ossature du discours, à partir duquel seront posés les autres personnes, l'espace et le temps de ce qui est énoncé[1]. En d'autres termes, le *je* du locuteur apparaît ici, d'une certaine façon, comme le *lieu* commun du discours, comme le *liant* entre les différents éléments qui constituent le discours. Ce qui correspond d'ailleurs, très précisément à ce que représente, en elle-même, la forme linguistique μοι.

Tout d'abord, en tant que forme pronominale de la 1reS, c'est une locution déictique qui a la possibilité de référer à la fois à l'extérieur et à l'intérieur du discours, ne renvoyant donc, dans le second cas, qu'à elle-même comme centre fondateur de l'énonciation. Mais surtout, le fait qu'elle soit employée au datif, dans un contexte de rection syntaxique relativement lâche, n'est peut-être pas anodin. On sait, en effet, que tous les cas grammaticaux, dans les langues indo-européennes, se définissent par une valeur sémantique propre et une fonction syntaxique qui leur est attachée. Si l'on considère généralement que la valeur sémantique ne peut s'exprimer qu'en emploi libre, par opposition à l'emploi syntaxiquement contraint, on s'aperçoit que la frontière séparant les deux types d'emploi est très souvent perméable[2]. Le locatif, notamment, indique toujours une relation spatiale, qu'il fonctionne

---

1. É. Benveniste (1966d) a défini l'énonciation comme « la mise en fonctionnement de la langue par un acte individuel d'utilisation » dont le « discours » est la manifestation. C'est grâce à l'instance d'énonciation, représentée essentiellement par le pronom de la 1reS, que cet acte d'appropriation introduit celui qui parle dans sa propre parole et en fait le centre de référence interne.

2. J. Haudry (1977, p. 14) et H. Pinkster (1990, p. 47), en particulier, estiment qu'un cas est, pour ainsi dire, privé de son sens propre dans un emploi gouverné par la syntaxe. Pour une approche plus nuancée, voir notamment Hettrich 1990.

comme complément ou comme donnée autonome. Si le locatif appartient à la catégorie des cas à signification plutôt concrète, alors que le datif se range parmi ceux dont la signification est abstraite, c'est-à-dire davantage reliée à la syntaxe, cette remarque qui vaut pour le premier, peut valoir aussi en grande partie pour le second, car, non seulement cette distinction traditionnelle des cas en deux catégories est critiquable[1], mais encore est-ce un fait reconnu que le datif grec résulte d'un syncrétisme ancien entre les cas indo-européens du datif et du locatif[2]. Par conséquent, à sa valeur sémantique propre, le datif grec mêle celle de l'ancien locatif. Il indique donc non seulement la personne ou la chose désignée comme recevant ou possédant, ou, plus largement, la personne ou la chose visée par le procès verbal, mais il peut aussi signaler, de façon plus générale encore, la situation spatiale et temporelle du procès et le but de son accomplissement. On voit que la proximité de ces deux valeurs originellement distinguées a pu facilement

1. *Cf.* Meier-Brügger 2003, p. 263, S 403. Cette distinction recouvre plus ou moins la théorie structuraliste des deux fonctions inhérentes aux cas grammaticaux, élaborée par J. Kurylowicz (1977), qui définit une fonction primaire syntaxique, et une fonction secondaire sémantique.

2. Datif et locatif singuliers sont morphologiquement très proches en indo-européen, au point qu'une comparaison superficielle entre le datif **-ei* et le locatif *-*i* a pu faire penser certains linguistes à une simple alternance de degré. Les deux finales *-ei* et *-i* coexistent, par ailleurs, en mycénien. *Cf.* Meier-Brügger 2003, p. 196-197, F 310, § 5. À propos du syncrétisme de ces deux cas, voir Panagl 1983. En ce qui concerne les traces possibles de l'ancienne désinence de datif -ει dans la langue homérique, voir Blanc 2008, chap. IX, et en particulier p. 253-256, où est étudié, notamment, le problème que pose le -ι long de datif dans les formes dissyllabiques en -ειͅ des thèmes sigmatiques comportant une voyelle longue dans la syllabe précédant la désinence. Une des conclusions qu'A. Blanc tire, est qu'on ne peut guère dire davantage que ce -ι long reflète déjà le syncrétisme des fonctions du datif proprement dit et du locatif, mais aussi vraisemblablement de l'ancien instrumental *-*e*.

justifier cet englobement sémantique, la différence essentielle étant que le datif tendait à référer à l'intérieur du discours quand le locatif était plus enclin à désigner la réalité extérieure. Ainsi, si l'on peut définir le datif comme la marque linguistique servant à dénoter un nom comme « repère à viser » dans l'énoncé, non pas par un déplacement réel mais par un mouvement virtuel de l'esprit[1], c'est peut-être grâce à la force d'expressivité concrète qui sous-tend son fonctionnement. Quoi qu'il en soit, dans l'état de langue poétique si particulier qui caractérise la parole de Parménide, la forme centrale μοι, autour de laquelle se resserre l'énoncé du vers 5, 1, pourrait donc bien se comporter, elle aussi, comme une sorte de σῆμα discursif, c'est-à-dire se signaler elle-même, à la fois comme la source du discours et, très concrètement, comme le repère cible vers lequel celui-ci est tendu. Dès lors, surgit la signification sous-jacente de ce premier vers lacunaire : l'auto-désignation indirecte du *je* du poète-locuteur comme l'origine et la fin du poème, tout comme le centre même du mouvement qui va de l'une à l'autre, à l'intérieur des limites du poème.

Cependant, la forme conjuguée ἐστι, éminence d'un verbe *être* que Parménide invente comme un « être là » morphologiquement et sémantiquement omniprésent, n'est jamais seulement copule et toujours un peu copule, ou, pour le dire en simplifiant, toujours autant copule que forme autonymique du verbe. En considérant, cette fois, ἐστι dans la plénitude de sa valeur sémantique, le sens de la proposition change légèrement. Il faut alors la comprendre, non plus seulement comme « (l'élément) commun est en moi », mais aussi comme « (l'élément) commun, en moi, est ἐστι (*est*) ». Cette autre dimension de la signification en est comme une couche plus

---

1. *Cf.* Serbat 1996, p. 579-580.

profonde qui vient expliciter la précédente: s'il semble, à première vue, que le *je* du poète-locuteur représente l'entité linguistique constitutive du discours, ce n'est que parce qu'elle repose, dès l'origine, sur une forme du verbe *être*. Mais cette relation énonciative entre *je* et ἐστι, ne semble pas constituer une fin en soi. On va voir qu'elle n'est qu'une première étape dans l'élaboration d'une accointance particulière, à la fois sémantique et phonique, entre la forme ἐστι et le cas du datif, laquelle n'étant possible que parce que le verbe *être*, au présent de la 3^{e}S, contient initialement, en lui-même, les éléments nécessaires à cette invention poétique.

Ἐστι s'analyse, en effet, morphologiquement en deux éléments: d'une part la forme radicale ἐσ-, issue de la racine *h_1 es-* qui représente, comme on l'a vu, un thème de présent, et qui signifie très exactement «être là», d'autre part la désinence -τι correspondant à la 3^{e}S des désinences dites primaires. On sait que le grec possède deux séries de désinences, l'une primaire, l'autre secondaire, celle-ci utilisée pour exprimer la temporalité du non-présent, celle-là réservée à l'expression du présent. Que la conjugaison soit thématique ou athématique, l'élément essentiel qui permet de les distinguer morphologiquement est la voyelle finale -*i* qui s'ajoute aux trois formes du singulier (sauf pour la 1^{re}S thématique en -ω) et à la 3^{e}P des désinences primaires. Ce qui signifie qu'originellement, ces désinences primaires sont marquées linguistiquement pour renvoyer à la temporalité d'un présent pragmatique, ici et maintenant, faisant référence à la situation réelle, contrairement aux désinences secondaires qui, non marquées, restent libres de toute expression temporelle. C'est en tant que telles que ces dernières ont d'ailleurs été directement associées à la virtualité aspectuelle de l'aoriste et de l'optatif, et qu'elles n'en sont venues à désigner le temps passé que par opposition aux formes primaires[1]. Ainsi constate-t-on que la forme ἐστι se définit comme un « être là » dans sa forme même, et ce, triplement, non seulement par la nature thématique et la valeur sémantique de sa racine, mais encore par l'élément final de sa désinence qui porte en lui la valeur même de l'« icité » locative et temporelle.

Or, de façon rétrograde, le deuxième vers du fragment 5, ὁππόθεν ἄρξωμαι· τόθι γὰρ πάλιν ἵξομαι αὖθις, « par où que je commence ; car c'est là que je reviendrai de nouveau », transforme cette « icité » pragmatique, contenue dans la forme ἐστι, en une « icité » virtuelle ne faisant plus référence qu'au discours s'instaurant lui-même. Remarquons, tout d'abord, que la forme moyenne de 1ʳᵉS, ἄρξωμαι, dans ce contexte énonciatif qui ressemble à une présentation inaugurale de la parole poétique, était sans doute porteuse d'une connotation particulière pour l'auditoire lettré auquel était destiné le poème. On ne peut, en effet, s'empêcher de penser à la clausule métrique ἄρχομ᾽ ἀείδειν, « je vais chanter », qu'on retrouve de façon quasi systématique dans la phase initiale d'*evocatio* des hymnes homériques. Or Parménide, comme son auditoire, n'était vraisemblablement pas sans connaissance de ce trait particulier à la diction hymnique, qui, associé à l'invocation de la divinité chantée, permettait un ancrage pragmatique dans la réalité de l'*hic et nunc*, condition préalable et nécessaire à l'efficacité de la parole au moment où le poète-locuteur la

---

1. Pour le système des désinences en grec, voir Meier-Brügger 1992, vol. II, p. 53, F 207, 1. En ce qui concerne l'interprétation sémantique des désinences primaires en -*i*, voir dans l'ordre, Meier-Brügger 2003, p. 178, F 209, p. 45, E 502, § 11, et p. 166, F 202, § 4.

prenait en charge devant son auditoire[1]. Dès lors, chez notre poète, la différence d'emploi de cette forme verbale frappe doublement : non seulement le verbe ἄρχομαι est en construction absolue, mais encore et surtout apparaît-il au subjonctif comme protase d'un système exprimant l'éventuel. Ici, le poète-savant, non seulement n'invoque aucune divinité inspiratrice, mais encore et surtout situe-t-il d'emblée sa parole dans l'indétermination spatiale et temporelle. En effet, en employant, de surcroît, l'adverbe relatif indéfini ὁππόθεν, « quelque soit le lieu d'où », redoublé par le corrélatif τόθι, « là même », il fait reposer l'éventualité du futur indéterminé ἵξομαι, « je parviendrai », sur un point de référence parfaitement indéterminé, annulant par là même tout rattachement de sa parole au présent spatial et temporel de la réalité. En d'autres termes, ce qui est à l'œuvre dans le vers 5, 2, c'est le détachement de la parole poétique de son contexte pragmatique, défini par le présent, ici et maintenant, de son énonciation. Plus exactement, le discours parménidien réussit à déplacer ce présent fondamental, hors de la situation pragmatique, dans la virtualité même que celui-ci à la fois constitue et construit. Pour le dire encore autrement, par ces deux vers du fragment 5, Parménide place sa parole dans ce présent absolu, que j'ai appelé, plus haut, *linguistique*, et qui n'a rien de commun avec

---

1. On compte huit occurrences de la formule ἄρχομ' ἀείδειν dans les hymnes dits homériques, toutes situées, à une exception près, dans le vers initial qui introduit l'*evocatio*. *Cf.*, dans la numérotation Allen-Sikes, reprise par le *TLG*, H 2, 1 (Déméter), H 11, 1 (Athéna), H 13, 1 (Déméter), H 16, 1 (Asclépios), H 22, 1 (Poséidon), H 26, 1 (Dionysos), H 28, 1 (Athéna), et H 9, 8 (Artémis). Pour une description des différents types de structures hymniques, voir Calame 2000, p. 59-70. Pour la notion d'ἀρχή, essentielle à la diction hymnique, en ce qu'elle désigne à la fois le point de départ de la parole poétique dans une composition conçue comme une totalité, et la marque d'autorité de cette même parole, voir Nagy 2006, p. 56-59.

le présent communément vécu de la réalité. Le deuxième vers ne constitue, de cette façon, qu'une explicitation de ce que signalent déjà en eux-mêmes le datif μοι, et à travers lui la forme ἐστι, comme deux indices permettant d'anticiper la signification profonde du discours, dès le vers précédent. Ce que la proposition du vers 1, ξυνὸν δὲ μοί ἐστιν, laisse entendre, c'est qu'ἐστι est le noyau dur de cette *virtualisation* de l'« icité » énonciative, parce qu'il en accueille nécessairement le principe en son cœur même. Voilà pourquoi, dans le fragment 8, en tant que représentant d'un verbe *être* que le poète-savant ne forge que pour y fonder sa parole même, ἐστι peut se définir comme un νῦν perpétuel, toujours achevé et inachevé. Tout se passe, en fait, comme si l'adverbe νῦν, en 8, 5, avait pour fonction sous-jacente de désigner ἐστι comme l'assise inébranlable de la virtualité de la parole du savant, alors même que celle-ci est proférée dans la réalité d'un *hic et nunc*[1].

---

1. Νῦν, selon cette interprétation, n'est donc le représentant d'aucun concept d'« éternité ». L'interpréter par rapport à la notion d'αἰών, comme le fait notamment C. Collobert (1993, p. 186-195), n'a, par conséquent ici, aucun sens, si ce n'est, peut-être, à considérer que, par ce jeu de miroir sur l'ancrage de la poésie traditionnelle dans la réalité immédiate, jeu qui lui permet d'abstraire sa propre parole de tout contexte réel, Parménide condamne implicitement la conception communément partagée en son temps, et transmise par les poèmes épiques, d'une éternité dont le cours cyclique est pensé, à partir de l'expérience vitale immédiate, comme une « force s'épuisant et renaissant au cours des générations » et des saisons. Que cette conception de l'αἰών ait pu être « engendrée par la fatalité linguistique » (Benveniste 1937, p. 111-112) explique peut-être qu'on ne rencontre pas ce terme chez Parménide. Pour ce dernier, en effet, il ne s'agit pas d'extraire son verbe *être* du cycle éternel de la vie, comme le sceptre de l'*Iliade*, « coupé de son arbre sur la montagne », dans le but d'assurer la droiture des serments (*Il.* 1, 234-239), mais au contraire de l'établir comme le centre d'un autre mouvement cyclique que son aspect métamorphique et holosémantique prédéfinit d'abord en lui-même, celui, absolu, de la circulation de la signification dans un sens et dans l'autre à l'intérieur du discours, mouve-

Mais cela ne suffit pas. La notion d'«icité» que contient
la forme ἐστι, dans le fragment 5, ne se contente pas d'être
temporelle, elle est aussi locative. C'est ce que montre, en
outre, le vers 5, 2, autant par sa signification globale que par sa
structure phonique et syntaxique. À considérer d'abord le sens
du vers, « par où que je commence; car c'est là que je reviendrai de nouveau », force est de constater que ce qu'il décrit
n'est rien autre qu'un mouvement d'aller-retour depuis et
vers le lieu parfaitement indéfini que désignent ὁππόθεν et,
corrélativement, τόθι. Les deux adverbes, πάλιν et αὖθις, se
complétant l'un l'autre pour exprimer précisément un mouvement de retour en sens inverse, on pourrait même traduire :
« par où que je commence; car c'est là que j'aboutirai en sens
inverse ». Par quoi l'on voit combien ce vers peut être
précieux. À travers lui, le *je* du poète-locuteur revendique
pour sa propre parole, et la signification qu'elle convoie, un
parcours que les analyses précédentes ont révélé partout
présent dans la première partie du poème. C'est le mouvement
de gauche à droite et de droite à gauche du vers 8, 2, c'est la
structure du fragment 8 allant d'ἀτέλεστον à τετελεσμένον et

---

ment éternel parce qu'immobile et n'existant que linguistiquement, simultanément à la profération de la parole qui seule fait exister toutes choses et le *kosmos*
même. Le poème de Parménide pourrait bien être, dans sa structure profonde,
une réflexion borgésienne sur les rouages existentiels du langage. S'il y a
éternité, ce n'est jamais que celle du discours (νῦν), à chaque prise en charge
orale, et même encore, jusqu'à nous, à chaque lecture. L'autre éternité, celle du
cycle vital et *kosmique* (αἰών), ne peut qu'être celle de la *doxa*. Elle ne devient
vraie qu'une fois intégrée dans la virtualité du discours savant, comme σῆμα,
signe vers la signification profonde de celui-ci. Ainsi, trouve-t-on, une seule
fois employé dans les fragments, l'adverbe αἰεί, issu comme αἰών de la racine
*$h_2$ei-. Il s'agit du fragment 15, αἰεὶ παπταίνουσα πρὸς αὐγὰς ἠελίοιο,
« cherchant *toujours* du regard les rayons du soleil », lequel s'inscrivait vraisemblablement dans un développement *kosmologique* sur les phases de la lune.

de τετελεσμένον à ἀτέλεστον, depuis et vers ἀτελεύτητον
qui semble en constituer le centre, c'est encore l'*idéogénèse*
sémantique du verbe *être*, inachevée et achevée d'un bout à
l'autre de son paradigme et dans tous ses domaines d'emploi,
c'est, en d'autres termes, la structure même que définit la
technique du *boustrophédon*, et que Parménide utilise pour
mettre en place un mouvement immobile de va-et-vient
perpétuel entre son début et sa fin.

Or, c'est exactement ce mouvement que les trois adverbes
ὁππόθεν, τόθι et αὖθις inscrivent dans la structure linguistique du vers 5, 2, tous trois désignant un même lieu qu'aucune
coordonnée ne définit dans le réel. Le premier et le dernier se
situent, en effet, aux deux extrémités du vers tandis que τόθι,
juste après la césure penthémimère, en constitue quasiment le
centre de symétrie. Αὖθις n'est certes pas un adverbe locatif.
Tel qu'il est employé, avec πάλιν, il exprime un mouvement,
dans l'espace ou dans le temps, qui se produit en sens inverse.
Il importe cependant de noter, d'une part, que la forme avec -θ-
ne correspond pas à la forme ionienne αὖτις, toujours employée dans la diction épique, d'autre part, que, sous cette
forme, αὖθις se rapproche de l'adverbe locatif αὖθι, signifiant
« là même », avec lequel il est alors aisé de le confondre[1]. Étant
donné que Parménide a choisi de composer en hexamètres
épiques, il n'est peut-être pas indifférent qu'il n'ait pas retenu
la forme à laquelle son destinataire pouvait s'attendre. Cela
lui permet de souligner l'assonance finale entre les trois termes
ἐστιν, τόθι et αὖθις, sachant que dans l'enchaînement
syllabique, le -τ- d'ἐστιν pouvait subir paradoxalement

---

1. Les poètes tardifs, notamment, ont employé αὖθι au sens de αὖθις.
Cf. *DELG*, s. v. αὖθι, p. 132.

l'influence adoucissante de la sifflante[1] qui le précède.
Ces trois termes occupant chacun un endroit stratégique
dans l'hexamètre, ἐστιν, la fin du vers 5, 1 et τόθι et αὖθις,
respectivement le début et la fin du second hémistiche du vers
suivant, il s'instaure alors entre eux un vrai triangle de
correspondance. La rime quasiment léonine, des deux
adverbes en -θι-, établit, en effet, un mouvement de renvoi
sonore à l'intérieur/duquel la forme ἐστιν se voit directement
intégrée. Tout se passe comme si αὖθις servait à établir une
rime indirecte entre la forme du verbe *être* et la forme adverbiale τόθι. Ce qui n'est pas pour nous étonner car, quelque soit
l'étymologie du suffixe -θι, celui-ci était certainement perçu
comme un suffixe locatif par les usagers de la langue[2]. En tant
que tel, il est probable qu'il pouvait facilement être associé à la
désinence du datif singulier en -ι qui hérite à la fois du datif (*-
ei) et du locatif (*-i*) indo-européens.

Compte tenu du rapport presque métonymique, de
contenant à contenu, que la syntaxe du vers 5, 1 établit entre le
datif μοι et la forme ἐστι, le poète a pu aussi associer un tel
suffixe à la désinence primaire de 3[e]S en -τι. Pour une forme
verbale qui se définit triplement comme un «être là», ce
rapprochement n'a rien d'extraordinaire. Il semble donc, dans
la structure profonde des vers du fragment 5, que l'adverbe
locatif τόθι joue le rôle d'un anaphorique, non seulement

---

1. Pour la distinction entre occlusives douces et occlusives fortes, voir
Lejeune 1987, p. 54, § 42. De surcroît, si la dentale conserve son intégrité
phonétique devant *i* final, c'est ici un «fait de différenciation préventive»
(Lejeune 1987, p. 63, § 51, n. 2).

2. Le suffixe -θι à valeur locale remonterait au dialecte arcadien. S'il ne se
trouve que dans la langue homérique, il est assez productif, comme les autres
suffixes en -θ-, pour être facilement repérable et isolable. L'étymologie de
ces formations reste obscure. *Cf.* Chantraine 1961, p. 117-118, § 129-130.

phonique mais aussi syntaxique, de la forme conjuguée du verbe *être*. Autrement dit, ce lieu indéterminé d'où le *je* du locuteur part et finit toujours par revenir n'est autre que notre forme ἐστι. Le *liant* essentiel, le *lieu* fondamental, grâce auquel se constitue le discours parménidien, n'est pas, comme on a pu d'abord le croire, la 1^{re}S et le pronom personnel qui la représente, mais bien la forme éminente du verbe *être*, ἐστι. Ainsi s'explique que, chez Parménide, celle-ci représente le substrat, le support, le « socle » enfin, qui seul peut permettre au discours d'exister[1]. En instaurant un rapport de nécessité entre cette forme de 3^{e}S et le cas du datif-locatif[2], le poète-

---

1. Ce n'est donc pas le discours de la déesse qui dompte l'être dans des liens discursifs, comme semble le croire T. Ruben (2007, p. 175-176), mais au contraire l'élaboration parménidienne du verbe *être* qui fonde l'efficacité et la cohésion du discours poétique.

2. Cette invention poétique n'est peut-être pas sans fondement si l'on songe que le verbe *être* comme le cas du locatif constituent vraisemblablement deux racines fondatrices du fonctionnement des langues indo-européennes. Si, par la valeur originelle de sa racine, « être là », et par la diversité de ses domaines d'emploi, le verbe *être* est devenu l'une des entités linguistiques nécessaires au discours, le locatif, de son côté, est un cas à part dans le système casuel proto-indo-européen. Comme les cas forts, et essentiels au discours, que sont le nominatif et le vocatif, il peut être caractérisé par la désinence zéro. En outre, il se définit par un fonctionnement accentuel et une alternance de degré de la racine qui, soit l'apparentent aux cas forts, soit lui valent un statut intermédiaire unique. *Cf.* Meier-Brügger 2003, p. 196, F310, p. 211, F318, § 6a et p. 216, F321. Mais surtout, en tant qu'indicateur spatial et temporel, c'est lui, avec aussi le datif, qui a dû permettre l'insertion syntaxique des infinitifs dans la phrase, et par conséquent, participer à leur constitution morphologique. Pour ces questions voir notamment García-Ramón 1997, Hettrich 1984 et Stüber 2000. S'il en est donc ainsi, primitivement, du verbe *être* et du locatif, il n'est pas impossible que notre poète-savant, consciemment ou non, puise la signification de son discours à la source même de la langue qu'il utilise. Selon J. Bollack (2006a, p. 46-47), une telle approche de la langue est de nature orphique, et serait commune à toute la « lignée italique » à laquelle appartient Parménide : il s'agit de « remonter à l'origine du langage », « d'atteindre un

savant parvient à faire du verbe *être* tout entier l'« icité » locative et temporelle, le *lieu* par excellence, de la virtualité du discours.

Ἐστι *comme nécessité*[1] linguistique du discours *kosmologique*

La relation intrinsèque que Parménide tisse entre ἐστι et le datif-locatif fait de cette forme conjuguée du verbe *être* l'entité linguistique fondamentale sans laquelle la parole poétique et le discours savant ne peuvent exister. Mais le verbe *être* parménidien, métamorphique et holosémantique, est, pour ainsi dire, linguistiquement « absolu ». La 3ᵉS, ἐστι, qui en constitue manifestement la forme la plus représentative, n'en demeure pas moins que l'une de ses réalisations morphologiques. Ainsi le seul vers de nos fragments où l'affinité du verbe *être* avec le datif est formulée de façon explicite met en scène une autre réalisation du verbe *être*, la forme participiale ἐόν. Il s'agit du vers 8, 25, déjà évoqué à propos du métamorphisme du verbe *être* et du verbe πέλω : ἐὸν γὰρ ἐόντι πελάζει, « car *"étant"* touche à *"étant"* ». Si cette

---

stade de la parole antérieur à la composition des poèmes homériques », « de recueillir la matière verbale avec laquelle la tradition la plus forte s'était établie » pour opérer un retour à la source du dire qui était « la condition du refaçonnement à neuf par chaque auteur ».

1. Le terme « nécessité » est ici pour faire écho à la puissance innommée qu'A. Laks reconnaît présider à la succession de l'Amour et de la Haine dans le cycle *kosmique* défini par Empédocle, par analogie avec la Nécessité du cycle démonique dans les *Katharmes*. Cette succession à l'œuvre dans le monde physique, dit-il, « relève d'une nécessité qui peut être qualifiée d'"absolue" » dans la mesure où elle ne dépend que de son « accomplissement ». *Cf.* Laks 2004, p. 42-44. C'est cette absoluité qui me semble convenir au verbe *être* parménidien, en ce qu'il oscille toujours, dans le poème, entre son achèvement et son inachèvement.

proposition contribue apparemment à définir le verbe *être* comme un mouvement de va-et-vient immobile, comme un retour continuel sur soi-même, ce n'est en fait que la manifestation, en surface, des interactions de la matière linguistique profonde qui s'accordent, ici, pour mettre en valeur le participe au datif singulier, ἐόντι. Par sa structure syntaxique simple et la répartition strictement symétrique des deux formes participiales, chacune en emploi absolu, de part et d'autre de la particule explicative γάρ, celle-ci constitue, en quelque sorte, la définition même du « signifié sémantique » du datif dans toute sa pureté originale, telle qu'elle peut s'exprimer dans le cas d'un nom propre employé seul comme destinataire d'une dédicace[1]. La symétrie parfaite entre ἐόν et ἐόντι ; leur emploi absolu, qui offre la possibilité d'une interprétation autonymique ; la notion de « rapprochement », exprimée par le verbe πελάζω, qui renvoie implicitement au mouvement de visée, inhérent à la signification même du datif ; tout, dans ce second hémistiche du vers 8, 25, contribue à mettre en exergue la forme du verbe *être* au datif. Or le participe, en tant qu'entité « participant » autant du nom que du verbe, est la seule forme, dans le système de la langue, qui pouvait exprimer le datif de façon explicite pour tous les destinataires du poème[2]. Autrement dit, la forme participiale

1. Le datif, cas marginal s'il en est, se caractérise par le dédoublement de son signifié, sur le plan sémantique et sur le plan syntaxique. S'il se définit d'un côté comme « un Protée syntaxique », de l'autre, son « signifié sémantique » représente une « image mentale qu'on pourrait figurer par [-> X] (où, plutôt qu'une flèche, il faudrait symboliser une balise de signalisation) ». *Cf.* Serbat 1996, p. 436-438 et 579, pour la pureté de la valeur sémantique dans les dédicaces, p. 436.

2. La formation ancienne de l'infinitif témoigne du fait que le processus linguistique de nominalisation du verbe repose originellement sur l'emploi figé de formes résiduelles de datif ou de locatif singuliers. *Cf.* Meier-Brügger 2003,

du verbe *être* permettrait l'explicitation du lien nécessaire que le poète construit entre ce verbe et ce cas.

Mais ce n'est pas tout. De par sa structure phonique et morphologique, la forme participiale au datif singulier, ἐόντι, ouvre le verbe *être* à la pluralité du discours, le rendant ainsi définitivement et absolument propre à soutenir l'existence du poème dans son entier, c'est-à-dire propre à autoriser la parole du poète comme à valider son discours *kosmologique*. Si l'on analyse étymologiquement la forme ἐόντι en l'inscrivant hors de tout contexte syntaxique, on constate, en effet, que celle-ci correspond très exactement à une forme conjuguée du verbe *être* au présent, une forme virtuellement possible de 3^{e}P, qu'un poète habile aurait pu artificiellement forger pour achever de démontrer le métamorphisme d'un verbe qu'il situe aux fondements mêmes de sa parole. La grammaire comparée reconstitue, pour le participe grec, une forme reposant sur le degré réduit de la racine et le degré *o* du suffixe participial *-nt-*, de sorte qu'ἐόντι serait issu de *h_1s-ont-ei/i*[1]. La conjugaison du présent, de son côté, se caractérise par un

p. 184, F216. C'est en ce sens que J. Haudry (1968, p. 141) analyse la finale -αι. Que cette valeur ancienne d'un marqueur d'infinitif tel que l'élément -αι, précisément, ait été ou non perceptible à un savant et artisan de la langue comme Parménide, la mise en scène du datif, dans le vers 8, 25, n'en demeure pas moins un autre trait du poème qui le rattache profondément, une nouvelle fois, au fonctionnement primitif de la langue. Pour la formation d'εἶναι, issu d'un plus ancien *eenai <* es-en-ai*, voir Renaud 2005. Son analyse, qui s'appuie sur le fonctionnement formulaire des poèmes homériques, semblent trancher le débat entre les deux hypothèses *esnai* ou *esenai*. *Cf.* García Domingo 1997.

1. Cette forme est propre au grec et ressortit à un processus analogique, car la forme originelle pour les cas faibles, comme l'est le datif, comportait le degré réduit du suffixe *-nt-*. *Cf.* Meier-Brügger 2003, p. 51, § 6.

ablaut amphidynamique[1], c'est-à-dire une *alternance de degré vocalique* entre les formes du singulier caractérisées par le degré plein de la racine et le degré réduit de la désinence, et celles du pluriel présentant le cas de figure inverse, avec le degré réduit de la racine et le degré plein de la désinence. Ainsi ἐστι et εἰσι, formes de troisièmes personnes du singulier et du pluriel, reposent-elles respectivement sur *$h_1$es-ti* et *h_1s-enti*. Par quoi l'on constate que la désinence primaire du verbe *être* à la 3^{e}P était exactement *-εντι. Si celle-ci n'est pas perceptible dans la forme εἰσι que Parménide utilise et qui correspond aux dialectes ionien et attique, elle apparaît, en revanche, assez clairement dans la forme dorienne, ἐντι <*e-enti*[2], et pouvait être par conséquent reconnue comme telle par les usagers lettrés d'une langue, certes multi-dialectale, mais aussi panhellénique dans son état poétique.

En tout état de cause, d'*-εντι à *-οντι, pris absolument, il est possible de considérer qu'il n'y a qu'un changement de timbre dans le degré de la désinence, celui-là même qui caractérise l'ancienne voyelle alternante *e/o*. On sait, en effet, que l'*ablaut*, variation de degré vocalique caractéristique des langues indo-européennes, se définit par une alternance entre un degré réduit (ou zéro), un degré *e* et un degré *o*. Or, il existe encore, pour le verbe *être*, une autre forme ionienne de 3^{e}P, artificielle celle-là, forgée par les aèdes pour les besoins de l'hexamètre dactylique. C'est la forme ἔασι, qu'on rencontre deux fois dans les fragments de Parménide, en 8, 2 et en 19, 1. Elle est issue d'un paradigme verbal rythmiquement

---

1. Pour cette terminologie comparatiste, voir Meier-Brügger 2003, p. 205-206, F 315, § 4.

2. À la différence de l'ionien-attique, le dorien ne connaît pas l'assibilation de la dentale *t* devant *i*. Pour ces deux formes, voir Meier-Brügger 2003, p. 50, § 4 et Risch 1982, p. 324, n. 10.

différent qui conserverait constant le degré *e* accentué de la racine, c'est-à-dire qui comporterait, par conséquent le degré réduit des désinences plurielles. On la fait ainsi remonter à une forme ancienne *e-ansi* issue de *$h_1$es-nti*, où la consonne nasale *n* se vocalise en *a*[1]. Finalement, avec les trois formes εἰσι (et sa variante ἐντι), ἔασι et ἐόντι, respectivement issues de *h_1s-enti*, de *$h_1$es-nti* et d'une forme qu'on pourrait reconstituer par **h_1s-onti*, on aurait donc les trois réalisations morphologiques *virtuellement* possibles de la 3eP du verbe *être*[2].

Ce qui signifie que le datif singulier du participe ἐόν représente, dans la langue particulière du poème de Parménide, un autre de ces nombreux indices poétiques signalant l'ampleur métamorphique du verbe *être* qui y est élaboré. Selon cette strate d'interprétation plus profonde du vers 8, 25, on pourrait alors traduire, de façon autonymique : « car *étant* touche à *ils sont* », c'est-à-dire « car le participe *étant* touche à une forme plurielle *ils sont* ». J'ai montré, plus haut, que rien dans nos fragments ne permettait d'instituer la forme participiale du verbe *être* comme le point d'aboutissement ontologique de la première partie du poème. Il semble que la place qu'elle y occupe soit autre, mais non pas moindre, s'il est vrai qu'elle constitue, par l'intermédiaire du datif-locatif qu'elle est la seule à pouvoir exprimer, le relais morphologique et sémantique permettant de passer d'ἐστι à εἰσι, et de valider enfin entre les deux formes ce mouvement immobile d'un va-et-vient ininterrompu, qui parcourt manifestement la première

---

1. Pour le détail de l'évolution phonétique, voir Meier-Brügger 2003, p. 51, § 5.
2. En ce qui concerne, par ailleurs, la variété des formes que la grammaire comparée reconstruit pour les réalisations nominales du verbe *être* en grec et dans les autres langues indo-européennes, voir *NIL*, s. v. *$h_1$es-*, p. 235-236.

partie du poème correspondant au développement sur l'*être*. En d'autres termes, ἐόν est l'outil ultime grâce auquel le verbe *être* se réalise lui-même comme le *lieu* linguistique nécessaire à la pluralité du discours poétique[1].

C'est alors, précisément après l'énoncé du vers 25, que la structure même du fragment 8, révèle l'importance croissante de la 3ᵉP du verbe *être*, en construisant une correspondance explicite entre celle-ci et la forme du singulier ἐστι. Les trois périphrases verbales, que j'ai déjà soulignées, toutes trois situées en fin de vers, ἐν ᾧ πεφατισμένον ἐστίν au vers 35, τετελεσμένον ἐστί au vers 42 et ἐν ᾧ πεπλανημένοι εἰσίν au vers 54, dessinent en effet une structure symétriquement

---

1. En d'autres termes encore, le participe ἐόν joue comme un *révélateur* de ce qu'est le verbe *être* dans le poème de Parménide. Or, c'est un rôle qui sied peut-être bien mieux à cette forme participiale que celui de substantif ou de « sujet » du verbe *être* qu'on lui donne le plus souvent. En effet, indépendamment du fait que diverses formes de dérivés nominaux de la racine eussent pu être à la portée de notre poète (ne serait-ce qu'un nom comme ἐστώ, cf. *DELG*, s.v. εἰμί, p. 307), c'est avec le participe que, dans certaines langues indo-européennes, la valeur sémantique du verbe, « être là, exister », a pu se spécialiser dans le domaine judiciaire pour désigner le « réel », le « vrai », ce qui se « révèle » et est « révélateur », ce qui « s'avère », et finalement ce qui est « reconnu coupable ». Le cas exemplaire est celui du latin, où la forme participiale originelle du verbe *être* s'est complètement désolidarisée du verbe *sum*, pour constituer l'adjectif *sons, -ntis*, signifiant très exactement « criminel, coupable ». La « culpabilité » n'est en effet rien autre qu'une « responsabilité » négative. Aussi pourrait-on dire que le participe, dans le poème de Parménide, est en quelque sorte « responsable » du verbe *être* tel qu'il y est conçu. Mais cela nous mène plus loin encore. Si cette valeur avait quelque prégnance dans la racine *h₁ es-*, il n'est pas impossible que notre poète-savant, expert en σήματα linguistiques, en ait prêté des réminiscences à l'ensemble de son verbe *être*, puisqu'aussi bien celui-ci, en tant que substrat du discours, se voit tout désigné comme *seul responsable* de la totalité du poème. Par quoi l'on voit s'avérer encore le caractère holosémantique du verbe *être* parménidien. Je tiens à remercier Ch. de Lamberterie pour avoir attiré mon attention sur cette réalisation sémantique possible du verbe *être* indo-européen.

centrée, dans laquelle la 3^{e}P εἰσι, constitue le terme d'un mouvement dont le point d'origine est représenté par la forme ἐστι. On a déjà vu que le parfait emphatique πεφατισμένον ἐστίν, par la mise en scène d'une correspondance entre les deux formes conjuguées du verbe *être* des vers 34 et 35, constitue à elle seule un indice permettant de définir le fonctionnement du verbe *être* parménidien en termes d'*idéogénèse*, et de comprendre la signification de l'ensemble du poème comme une totalité globalisante, en circulation permanente, le temps de sa profération. Étant donné qu'elle représente l'expression initiale d'une structure ternaire, resserrée par la rime quasiment parfaite des quatre dernières syllabes (-μένο[ν/ι] ἐστί/εἰσί) de nos périphrases verbales, notre attention ne peut se défendre d'être directement dirigée vers l'expression finale de cette structure, πεπλανημένοι εἰσίν, d'autant plus que celle-ci, exactement comme la première, est précédée du relatif au datif, ἐν ᾧ. Or, l'expression intermédiaire, assurant le relais central entre celle-ci et πεφατισμένον ἐστίν, n'est autre que τετελεσμένον ἐστί, la formule même qui constitue le troisième terme d'une autre structure ternaire, celle que définissent les trois termes ἀτέλεστον, ἀτελεύτητον et τετελεσμένον. Non seulement ces trois termes représentent et définissent le verbe *être*, dans le fragment 8, mais ils donnent encore au fonctionnement de la signification du fragment dans son ensemble un mouvement de va-et-vient dans un sens et dans l'autre, entre les deux extrémités, ἀτέλεστον et τετελεσμένον, à partir et vers le centre que représente pour eux l'adjectif verbal ἀτελεύτητον. Le fragment 8 s'organise donc manifestement autour de l'imbrication étroite de ces deux structures ternaires, celle des formes périphrastiques de parfait s'enchaînant continûment et sans rupture à celle des mots de la racine de l'« achèvement », comme pour la prolonger :

ἀτέλεστον # (8,4)

ἀτελεύτητον|ᴴ (8,32)

(ἐν ᾧ) πεφατισμένον ἐστίν # (8,35)

τετελεσμένον ἐστί # (8,42)

(ἐν ᾧ) πεπλανημένοι εἰσίν # (8, 54) [1]

Au terme d'une telle architecture, qui correspond, en grande partie, à l'ossature même de l'élaboration du verbe *être* parménidien, l'expression ἐν ᾧ πεπλανημένοι εἰσίν, « en quoi, ils (les mortels) se sont laissés abuser », se voit inévitablement chargée d'une valeur qu'elle ne paraît pas avoir d'emblée. La symétrie parfaite, à la fois phonique et rythmique, entre les deux clausules πεφατισμένον ἐστίν et πεπλανημένοι εἰσίν, établit un rapport sous-jacent d'identité entre les deux formes du verbe *être*, ἐστι et εἰσι. Il faut alors comprendre que si la première est, ici, à la fois un outil grammatical sémantiquement vide et une forme absolue et autonome du verbe *être*, la seconde l'est aussi fondamentalement. Dans ces formes de parfait, facilement décomposables en leurs deux éléments, ἐστι et εἰσι sont, autant l'une que l'autre, d'éminents représentants du nouveau verbe *être*, métamorphique et holosémantique, que Parménide élabore. C'est dire que, sous la signification première « en quoi, ils se sont laissés abuser », préexiste en quelque sorte la signification, « en quoi, s'étant abusés, *ils sont* ». Dès lors, la 3ᵉP εἰσι, en tant qu'avatar pluriel de la 3ᵉS ἐστι, représente le *lieu* linguistique nécessaire à l'intégration du discours des mortels, c'est-à-dire du discours *illimité* sur l'organisation des

---

1. Le signe # indique la fin de vers, et |ᴴ la césure héphthémimère. J'ai, par ailleurs, rajouté l'accent de fin de vers sur ἐστίν en 8, 35, qui est omis dans l'édition Diels-Kranz.

éléments du *kosmos*, dans le discours poétique[1]. En d'autres termes, εἰσι valide l'autorité même du discours *kosmologique*, en le fondant sur le même fonctionnement interne que le discours de la première partie du poème consacré à l'*être*.

On s'explique mieux, alors, l'emploi, rare par ailleurs, de la forme poétique ἔασι, dans le fragment 19, dernier de la numérotation Diels-Kranz, et ressortissant vraisemblablement du discours sur les « choses » du *kosmos* en devenance.

> οὕτω τοι κατὰ δόξαν ἔφυ τάδε καὶ νῦν ἔασι
> καὶ μετέπειτ᾽ ἀπὸ τοῦδε τελευτήσουσι τραφέντα·
> τοῖς δ᾽ ὄνομ᾽ ἄνθρωποι κατέθεντ᾽ ἐπίσημον ἑκάστῳ.
> (19, 1-3)[2]

---

1. La troisième personne des langues indo-européennes, en tant que « non-personne », est la seule, en effet, à admettre un véritable pluriel. Mais aussi, comme dans les formes « personnelles » (1re et 2e personnes), la pluralité est signe, non pas tant de multiplication que d'*illimitation*. C'est le cas, en particulier, lorsque la pluralisation verbale « n'est pas le prédicat grammaticalement régulier d'un sujet pluriel », en particulier donc, par exemple, lorsqu'il s'agit d'un emploi absolu, ou bien autonymique. *Cf.* Benveniste 1966f, p. 235-236.

2. Je donne ici le texte de N. L. Cordero qui, contrairement à H. Diels et W. Kranz, choisit la forme accentuée νῦν correspondant à la leçon des manuscrits de Simplicius. Elle me semble préférable en ce qu'elle a l'avantage de mettre mélodiquement en exergue le début du mot ἔασι. En effet, « si le contour mélodique qui relie le plus tôt possible la forme verbale conjuguée au mot qui la précède, la mélodie d'une forme nominale tend souvent à déborder sur le mot suivant ». *Cf.* Lukinovich, Steinrück 2009, p. 16-17. Or justement, νῦν étant périspomène est dépourvu du troisième temps, ou *more*, pendant lequel la voix est habituée à redescendre. Ce qui, pouvant ou non entraîner un suspens avant ἔασι, vient en tout cas souligner la montée sur l'ε. Sur cette possibilité, voir Lukinovich, Steinrück 2009, p. 7-8, et le chap. 8 sur le *sandhi* accentuel. La traduction de N. L. Cordero est la suivante : « Ainsi sont nées ces choses selon l'opinion, et elles sont présentes maintenant./ Et après, une fois développées, elles mourront./ Pour chacune les hommes ont établi un nom distinctif ». *Cf.* Cordero 1997, p. 34 et 42.

Ce que signifie d'abord clairement ce fragment, c'est que même les choses qui sont nées (ἔφυ) et qui périront (τελευτήσουσι), sont, maintenant, dans le présent (νῦν ἔασι). Or, cette dernière expression unit en elle deux termes qui n'apparaissent chacun qu'une seule autre fois dans tous les fragments que nous possédons, et chacun dans l'un des vers clé qui commencent le long fragment 8. L'adverbe temporel νῦν, si l'on retient la leçon des manuscrits plutôt que la lecture de la particule intensive νυν, se retrouve en effet au vers 8, 5 comme attribut essentiel du verbe *être*, et en contact direct avec la forme ἐστι : οὐδέ ποτ' ἦν οὐδ' ἔσται, ἐπεὶ νῦν ἐστιν, ὁμοῦ πᾶν. La 3ᵉP ἔασι, quant à elle, apparaît juste trois vers avant, en 8, 2, pour signaler la présence de ces fameux « signes » de l'*être*, ces σήματα qui sont aussi des indices invitant le destinataire à décrypter les dessous linguistiques du discours parménidien : λείπεται ὡς ἐστίν· ταύτῃ δ' ἐπὶ σήματ' ἔασι. Dans le fragment 19, la forme de 3ᵉP, ἔασι, voit donc réaffirmée en elle la valeur d'« être là », valeur essentielle du verbe *être*, éminemment représentée dans la forme de 3ᵉS ἐστι. Ce qui, par ailleurs, ne semble pas pour contredire la leçon νῦν, puisqu'en impliquant une scansion longue avec synizèse de la première syllabe ἔα-, celle-ci accroît le relief de la forme ἔασι que lui confère déjà sa place en fin de vers[1]. Ἔασι est ainsi fondée à établir le rapport analogique qui se construit entre ses deux sujets grammaticaux, τάδε et σήματα, par le biais du renvoi que sa forme même et sa situation finale suscitent entre les vers 19, 1 et 8, 2. Elle nous signale, en d'autres termes, que

---

1. Pour la leçon νῦν, voir également la note précédente. La synizèse est « l'articulation occasionnelle en une seule syllabe de deux voyelles en hiatus, dont la première est le plus souvent un ε ». *Cf.* Lejeune 1987, p. 257, § 285. Le vers se scande alors : - - - u u - |ᵀ u - |ᴴ u u - - - (ἔα) u, (|ᵀ indiquant la césure trochaïque troisième).

les « choses » du *kosmos* ont beau être en devenir, elles *sont*, au même titre que les « indices » de l'*être*.

Peut-être même sont-elles, elles aussi, des indices. Car, dès lors, l'erreur, que semble dénoncer le vers 19, 3, n'est pas d'accorder les choses du monde réel, en perpétuel devenir, à un discours poétique et savant, prétendu absolu, mais bien plutôt de ne pas être capable, comme les mortels en proie à la *doxa*, de discerner ce qui se cache derrière les « noms » (ὀνόματα) d'un tel discours. Il est assez remarquable, en effet, que, dans le dernier vers de notre dernier fragment, ces « noms », que les hommes ont apposés à chacune de ces « choses », soient justement qualifiés par l'adjectif ἐπίσημος, composé de la préposition ἐπί et du nom neutre σῆμα, c'est-à-dire qu'ils soient qualifiés, littéralement, de « sur-signes ». Cela revient exactement à dire que les noms ne sont que des *signifiants*, des contenants vides de sens, des masques linguistiques cachant le sens véritable du discours, à commencer, peut-être, ou à *re*-commencer, par le sens du fragment 19 lui-même. C'est du moins ce que semble indiquer l'emploi même de la forme ἔασι, elle qui n'est pas employée ailleurs dans le poème si ce n'est pour y affirmer l'existence d'indices. Elle nous incite donc à la vigilance jusque dans cet ultime fragment 19. Or, notamment, il n'échappe à personne que le sujet neutre pluriel τάδε, commande trois verbes différents dont le premier est au singulier (ἔφυ), tandis que les deux suivants sont au pluriel (τελευτήσουσι et ἔασι). Peut-être cette variation grammaticale n'admet-elle qu'une explication métrique, mais peut-être aussi n'est-elle pas sans signification.

En forçant à peine la grammaire de nos manuels modernes de grec, et en suivant l'ordre des mots à l'intérieur de la structure syntaxique du fragment, on décèle une autre signification. La valeur originelle de la particule discursive τοι, qui correspond à une forme ancienne du pronom personnel de la

2[e]S au datif[1] ; la construction de la préposition κατά avec l'accusatif, qui, avant d'exprimer un accord entre deux choses (« selon »), s'emploie fréquemment en diction épique au sens de « à travers, vers, dans », c'est-à-dire qu'elle sert fondamentalement à établir un rapport neutre (« par rapport à ») entre un objet ou un individu et son environnement[2] ; le sens du verbe φύω, qui, à l'aoriste radical athématique, comme au parfait, peut aussi bien renvoyer à un état de fait naturel[3] ; l'emploi du déictique neutre τόδε / τάδε, qui, dans l'ordre du discours, prend plus volontiers la fonction de *cataphorique* présentatif (« voici »), que celle d'*anaphorique* récapitulatif (« voilà »), contrairement à l'autre déictique τοῦτο / ταῦτα, et qui, de surcroît, contrairement encore à τοῦτο / ταῦτα, a la caractéristique d'entretenir des liens particulièrement étroits avec l'instance même de l'énonciation, c'est-à-dire la 1[re]S ; le parallélisme de construction entre les deux propositions initiées par καί et souligné par les deux adverbes temporels signifiant « maintenant » et « ensuite », et dans le même temps le fait que cette coordination, suivie de νῦν, signifie souvent « mais même ainsi » ; enfin, l'ambiguïté de la césure principale dans le premier hexamètre, qui peut être représentée par la trochaïque, juste devant le mot ἔφυ, aussi bien que par l'héphthémimère, après ce même mot qu'elle inclut alors dans

---

1. Cf. *DELG*, s. v. τοι, p. 1084.

2. *Cf.* Chantraine 1963, t. 2, p. 114, § 161. Même le sens concret « au fil au de l'eau », défini par l'exemple parfait que constitue la formule κατὰ ῥόον, en *Il.* 21, 559, et qui permet d'expliquer le sens figuré « conformément à », est à réinterpréter plutôt par « dans le courant » (voir p. 114, n. 1).

3. Par exemple, Sophocle, *Électre* 860, πᾶσι θνατοῖς ἔφυ μόρος, et encore le participe neutre substantivé chez Platon, *République* III, 401 e 1-2, μὴ καλῶς δημιουργηθέντων ἢ μὴ καλῶς φύντων, où l'on voit bien la différence entre « les choses qui se développent naturellement » et les « choses qui ont été fabriquées ».

le premier hémistiche; voilà autant d'indices qui nous autorisent à comprendre, en filigrane :

> Ainsi, pour toi par rapport à l'opinion, ces choses-ci sont naturellement, mais en outre, à la fois, *maintenant* elles *sont*, / et par la suite, une fois nourries à partir de ceci, elles s'achèveront parfaitement[1]./ Or, à leur sujet, les hommes ont proposé un nom comme sur-signe pour chacune d'entre elles.

Quoi qu'il en soit de cette traduction, le fragment 19 nous révèle que le *kosmos*, qui fait l'objet de la seconde partie du discours poétique de Parménide, est manifestement à l'image de la structure linguistique dont celui-ci se dote dans la première partie et qui définit la signification d'ensemble comme une entité globale en mouvement immobile à l'intérieur même de sa globalité. De même que les unités linguistiques du poème peuvent jouer le rôle de σήματα signalant la présence, partout circulante, du verbe *être*, défini comme entité globalisante, de même, les μέλεα, « membres » ou « éléments » du *kosmos*, dont le « mélange parfait » (κρᾶσις) se tient comme la pensée (νόος) tient les hommes[2], sont comme des σήματα de la

---

1. Le futur τελευτήσουσι ne signifiant pas nécessairement seulement la « mort » ou la « disparition », si l'on songe au rôle que semblent avoir dans la première partie du poème, les trois termes ἀτέλεστον, ἀτελεύτητον et τετελεσμένον, formés sur le même radical -τελ-.

2. C'est probablement ce que signifie indirectement le fragment 16. Voir, après l'ensemble du commentaire, le texte et la traduction que je propose. Voici, à titre de comparaison, le texte et la traduction de J. Bollack (respectivement, 2006, p. 113, et 1957, p. 70, dont je préfère la traduction): ὡς γὰρ ἕκαστος ἔχει κρᾶσιν μελέων πολυπλάγκτων, / τὼς νόος ἀνθρώποισι παρίσταται· τὸ γὰρ αὐτό/ ἔστιν ὅπερ φρονέει μελέων φύσις ἀνθρώποισιν/ καὶ πᾶσιν καὶ παντί· τὸ γὰρ πλέον ἐστὶ νόημα, « Car tel le mélange que chacun possède de membres partout errants, tel le penser que les hommes ont à leur portée; car c'est la même chose que pense la nature des membres chez les hommes, en tous et en chacun; car c'est le plein qui est la pensée ».

totalité globale et continue qu'ils forment et qui les forme. De même que l'apparence de termes tels que le verbe πέλω ou les formes adjectivales ἀτέλεστον, ἀτελεύτητον et τετελεσμένον empêche, dans l'usage commun de la langue, de les considérer comme des représentants virtuels d'un nouveau verbe *être*, de même, mettre des *sur*-noms arbitraires sur ces μέλεα empêche de les voir comme des signes de la totalité du *kosmos* [1]. Dans son article de 1957 sur les fragments 4 et 16, J. Bollack le dit dans un sens qui n'est peut-être pas si éloigné : « (…) les hommes, dans l'univers de leurs propres opinions, au-delà des noms qui cachent ce qui est, peuvent faire l'expérience d'un être qui unit pensée et choses (…) » [2]. Le monstre linguistique qu'est le verbe *être* parménidien, holosémantique et métamorphique, est une totalité continue qui est autant l'effet que la cause de la totalité continue du *kosmos*, pour la simple raison que, dans la totalité du poème

---

1. Aussi est-ce en ce sens qu'on peut comprendre le fragment 15, αἰεὶ παπταίνουσα πρὸς αὐγὰς ἠελίοιο, « cherchant toujours du regard les rayons du soleil ». J. Bollack, notamment, estime que la lune, dont il est question ici, « doit être considérée comme un relais, conduisant à la découverte d'une plénitude ». En tant que « double du Soleil », elle est comme « une porte qui fait accéder à la totalité du monde solaire », lequel englobe en quelque sorte toutes les strates de l'univers. Voir, à propos de ce fragment, Bollack 2006b, p. 274-277.

2. *Cf.* Bollack 1957, p. 70. Cette ultime remarque intervient juste après que l'auteur a démontré combien les fragments 4 et 16 de Parménide se complètent pour mettre en évidence la cohérence du tout : « Tout ce qui est est un, et tout ce qu'on pense est un, et ce qui pense et ce qui est pensé sont encore un ». Il me semble que ce pourrait être une belle façon d'exprimer le caractère totalisant du mode de représentation ancien du monde, que j'ai défini dans mon introduction comme étant à l'image même du fonctionnement sémantique de la langue archaïque.

proféré comme un tout, toutes deux reposent sur le même fonctionnement sous-jacent de la signification [1].

LA « SPHÈRE » OU LE SYSTÈME VIRTUEL DU DISCOURS

Un kosmos « *tout juste né du discours* »

Au tout début du *Critias*, avant de passer la parole, comme un relais, à Critias lui-même, Timée rappelle le récit *kosmologique* qu'il vient de faire – lequel constitue l'objet du dialogue même auquel celui-ci donne son nom – en invoquant comme un dieu le « monde » qu'il y a décrit : νῦν δὲ λόγοις ἄρτι θεῷ γεγονότι προσεύχομαι, « et maintenant, je prie comme un dieu ce qui vient tout juste de naître de mes discours » [2]. Tout en se gardant de lire Parménide à l'aune des

---

1. Il semble donc que le poème de Parménide n'est pas pour « enseigner à son auditoire deux perspectives différentes : deux façons de voir la réalité » (*cf.* Robbiano 2006, p. 198). La deuxième partie *kosmologique* n'est pas la voie du non-être ou de la doxa. Elle est le découlement direct de la construction du verbe *être* dans la première partie, toutes deux reposant sur le même fonctionnement de la langue et de la signification, que seule la voie du verbe *être*, tel que métamorphique et holosémantique, permet de décrypter, quand l'autre voie passe, pour ainsi dire, à côté.

2. Platon, *Critias* 106 a 4. C'est dans la conclusion du *Timée*, en 92 c 5-10, que Timée proclame la naissance *désormais accomplie* de son *kosmos* en le comparant à « un dieu sensible, image même du dieu intelligible ». Il n'est peut-être pas indifférent, pour étayer mon interprétation du poème parménidien, de remarquer que cette naissance est entérinée, chez Platon, par une expression étymologiquement oxymorique, τελεώτατος γέγονεν, « absolument achevé, il est né ». L'association, dans une même expression, de la racine de l'« engendrement » et de celle de l'« achèvement », pour valider la totalité du *kosmos* à l'intérieur d'un discours conclusif qui se désigne lui-même explicitement comme le terme (τέλος) du dialogue, mais que l'on sait constituer par

dialogues de Platon, il faut reconnaître le caractère atypique que devait avoir la deuxième partie de notre poème, manifestement consacrée à l'élaboration d'une *kosmologie*. A. Laks, en la comparant au système physique d'Empédocle, ne manque pas de signaler, en particulier, l'absence remarquable, dans le poème, de tout récit « cosmophtorique » rendant compte de la fin du monde. Cette absence reflèterait, selon lui, « l'orientation proprement ontologique » du *kosmos*. Je dirai plus volontiers qu'elle reflète son orientation virtuelle et linguistique, comme le fragment 19, qui constitue peut-être les derniers vers du poème, le laisse entendre[1]. Il remarque, en outre, aussitôt après, que l'alternance primordiale des forces *kosmiques*, chez Parménide, ne reposant que sur les deux puissances que sont le « feu » et la « nuit », est trop simple pour rendre compte de « la prodigieuse richesse des choses devenues ». Tout porte à croire, en d'autres termes, que la *kosmologie* de Parménide n'en était pas une, au sens empédocléen du terme de « système, *réellement*, physique ». Aussi, A. Laks lui-même suggère-t-il en passant, et entre parenthèses, que c'est la construction seule d'un *kosmos* qui constituait peut-être le but ultime du discours parménidien, comme c'est à l'évidence le cas dans le *Timée* de Platon, un *kosmos* « tout juste né des discours ». Un *kosmos* virtuel, construit par un fonctionnement exceptionnel de la

anticipation l'introduction même d'un autre dialogue (*Critias*), n'est peut-être pas étrangère à une réminiscence du rôle que jouent justement les mots de la famille de τέλος dans le discours de notre poète-savant. L'absolue continuité du Tout est, fondamentalement, la continuité même du flot du discours toujours proféré et échangé.

1. *Cf.* Laks 2004, p. 26. L'auteur ne se cache pas d'être, pour ainsi dire, contraint de constater cette absence, apparemment incompréhensible. Aussi ajoute-t-il que malgré tout « la destruction est bien mentionnée » dans le fragment 19. On a vu que ce n'est peut-être là qu'une apparence.

langue, ou pour le dire avec les mots d'A. P. D. Mourelatos, un « logos-texture world »[1]. Ce qui est loin d'être improbable compte tenu du contexte savant et de la tradition ionienne dans lesquels le poète-savant a vraisemblablement composé son poème, et où il s'agissait d'organiser l'existence réelle, « de l'installer dans le monde et d'accorder sa pensée à la vision qui s'y projet[ait] »[2].

Ce qui est encore moins improbable quand on regarde de près la description de la « sphère » avec laquelle est comparé le verbe *être*, à la fin du fragment 8, et quand on sait, par ailleurs, que la Terre et, autour d'elle, tout l'univers, était conçus, par Parménide, sur la base d'une sphéricité fondamentale[3].

πάντοθεν, εὐκύκλου σφαίρης ἐναλίγκιον ὄγκῳ,
μεσσόθεν ἰσοπαλὲς πάντῃ· […] (B 8, 43-44 DK)

1. Dans son premier essai supplémentaire, qui suit la nouvelle édition de *The Route of Parmenides*, A. P. D. Mourelatos rapproche la pensée d'Héraclite et celle de Parménide en soulignant l'importance du « logos héraclitéen » chez l'une comme chez l'autre. Le monde, pour Héraclite et pour Parménide, n'est pas le monde des choses (« thinghood ») soumis à des forces concordantes ou discordantes, selon une conception plus traditionnelle qu'il désigne par le concept de « Naïve Metaphysics of Things », c'est le monde que l'on construit par le langage : « a conceptual or logos-textured world (…) articulated in logical space » (Mourelatos 2008, p. 328). Mon propos se gardant d'être conceptuel ou métaphysique, on comprendra que j'aie volontairement tronqué la citation.

2. Pour le parallèle avec Platon, dont je me sers et que je réinterprète en termes discursifs, voir Laks 2004, p. 29 : « le monde n'est ce cependant pas, chez Empédocle, le but ultime de l'activité démiurgique, comme il le sera dans le *Timée* de Platon (et comme il l'était déjà, d'une certaine façon, chez Parménide) ». En ce qui concerne la tradition cosmologique ionienne et pythagoricienne, voir Bollack 2006b, p. 57. Au sujet de la partie « astronomique » du poème, voir aussi l'article de G. Cerri (2008).

3. Voir, à ce sujet, outre la remarque d'A. Laks 2004, p. 23, essentiellement Bollack 2006b, p. 274-284, et en particulier p. 281 : « la Terre occupe sa place centrale, étant sphérique, dans l'encadrement d'une sphéricité globale ».

De toute part, semblable à la courbure d'une sphère bien ronde,
Du centre, de force égale en tout sens ; [...]

Ce qui frappe d'emblée, dans cette définition relativement
succincte, c'est que la « sphère », pour parfaitement circulaire
qu'elle y est décrite, les termes εὔκυκλος et ὄγκος y insistant
doublement, n'est pas formulée d'un point de vue extérieur, en
termes de retour cyclique, mais bien plutôt d'un point de vue
intérieur, en termes de mouvements équipotents (ἰσοπαλὲς
πάντῃ)[1]. Force est alors de constater qu'une telle définition de
la « sphère », réduite à des forces également réparties dans
toutes les directions *depuis* et, par voie de conséquence indirecte, *vers*, un lieu central, ressemble assez à ce que représente
très exactement le verbe *être* dans le poème et en particulier
dans ce même fragment 8, ainsi qu'au fonctionnement de
la signification globale, conçue à son image. Ces tensions
internes de la sphère, suscitant nécessairement des mouvements contraires, et partant, immobiles, décrivent, en effet,
une totalité de va-et-vient constants, tout à fait assimilables à
une infinité de mouvements *boustrophédon*, mouvement qui
caractérise, comme on l'a vu, autant le verbe *être* que la
structure même du fragment 8. Or la position qu'occupe cette
description de la sphère dans le poème, est tout à fait remarquable, puisqu'elle s'enchaîne directement à l'expression
nodale du vers 8, 42, τετελεσμένον ἐστί, et qu'elle se situe,
par conséquent, très exactement au cœur de la double structure
ternaire qui organise le fragment. Une telle situation, dans un
tel poème, a peu de chance d'être l'effet du hasard. Aussi,

---

1. Peut-être est-ce ce qu'A.-G. Wersinger (2008, p. 157) veut dire
lorsqu'elle parle de « cercle dont la circonférence est indivisible ». Il me
semble, cependant, que l'idée de circonférence est bien moins mise en valeur,
ici, que l'égalité de forces internes.

peut-on légitimement considérer cette comparaison, que les vers 43 et 44 établissent entre le verbe *être* et une « sphère bien ronde », non seulement comme une préfiguration du *kosmos* qui va être décrit dans la suite du poème, mais aussi comme l'image mentale représentant la totalité linguistique et sémantique du discours poétique et savant tel que Parménide l'a manifestement conçu.

L'expression même, au génitif, εὐκύκλου σφαίρης, n'est d'ailleurs peut-être pas anodine. On sait en effet que le terme κύκλος, désignant originellement la « roue de char bien assemblée », est une métaphore ancienne du chant poétique, dans la diction de tradition épique qu'a choisie Parménide pour s'exprimer[1]. Employer, ici, un adjectif composé sur ce nom, précisément pour définir la σφαῖρα, manifestement centrale dans le poème, pourrait donc être une indication explicite de notre poète à l'intention de ces auditeurs lettrés. Une indication de ce que représente pour lui, et doit représenter pour eux, la « sphère ». Car c'est bien elle qui constitue l'élément important de l'expression. Nom féminin dérivé de la même racine indo-européenne que le verbe σπαίρω, la σφαῖρα désigne à l'origine la « balle », le « ballon », en ce qu'elle évoque primitivement un « mouvement rapide de retour », comme peuvent l'être, par exemple, un rebond ou un ultime battement cardiaque[2]. S'il est vrai, à ce qu'il semble, que le poète-savant utilise l'image de la « sphère bien ronde » pour rendre compte du fonctionnement interne particulier de son discours considéré comme un ensemble, c'est donc peut-être

---

1. Si le poème épique est un κύκλος, la technique linguistique de l'aède s'apparente à celle du maître charpentier : le poète épique est traditionnellement pensé comme un « assembleur primordial ». *Cf.* Nagy 2000, p. 97.

2. Cf. *DELG*, s. v. σφαῖρα, p. 1037.

pour en caractériser l'originalité par rapport aux discours de la tradition épique et des anciennes traditions savantes. Si le κύκλος se définit essentiellement par l'arrondi de son pourtour, la σφαῖρα, en tant qu'objet tridimensionnel, renferme, en outre, nécessairement un espace intérieur homogène, un tout parfaitement organisé à partir d'un point central qui génère, en tout sens, un mouvement de flux et de reflux le rendant lui-même, ainsi que le tout qui en participe, parfaitement immobiles. Dans ce cas, il faut comprendre que la « sphère » parménidienne représente avant tout une image qui permet au poète de définir son propre discours, et la signification globale qui le parcourt d'un bout à l'autre, comme un « agencement parfaitement ordonné », c'est-à-dire, très précisément, ce que désigne le *dia-kosmos* que le poète déclare explicitement *proférer* devant son destinataire, en 8, 60, avant-dernier vers constituant, à l'évidence, une transition vers la seconde partie du poème : τόν σοι ἐγὼ διάκοσμον ἐοικότα πάντα φατίζω, « cela, de moi à toi, je le *profère* comme un *bon agencement* semblable en toutes ses parties ». En d'autres termes, dans le poème, la comparaison du verbe *être* avec une « sphère » ainsi conçue, est une façon de désigner le discours lui-même comme un *kosmos*, un « ensemble bien organisé », pour lui-même et en lui-même. Ce qui correspond parfaitement au sens originel du nom grec κόσμος, et confirme que celui-ci n'a vraisemblablement pas encore, chez Parménide, la valeur d'« univers », de « monde », qu'il prendra par la suite. De cette sorte, l'expression de 8, 52, κόσμον ἐμῶν ἐπέων, signifie non pas le « monde de mes mots »[1], mais plus vraisemblablement l'« agencement de mes paroles », en apparence trompeur (ἀπατηλόν), qu'il ne tient qu'au

---

1. C'est ainsi que traduit, notamment, B. Cassin (1998, p. 89).

destinataire de savoir déjouer. En tout état de cause, il ressort de ceci que c'est parce que le poète-savant a su mettre dans un ordre parfaitement rigoureux son discours, qu'il peut désormais parler du monde réel dans son ensemble, car ce dernier se réalisera d'emblée, au fur et à mesure de la profération, comme un κόσμος constitué, modelé d'avance par la structure linguistique sous-jacente du discours même. Ce n'est pas le poème qui ressemble à un « univers », c'est la réalité du monde qui s'organise comme le *kosmos* linguistique que représente le poème[1].

Mais on va voir, en outre, que cette image centrale de la « sphère » ne se contente pas de prédéfinir ou de pré-construire le *kosmos* sphérique des choses du monde, pour en valider la conception. Au terme de la première partie du poème, c'est elle aussi qui achève d'instaurer l'autorité de la parole poétique de Parménide, que l'élaboration et tout le fonctionnement du verbe *être* fonde déjà intrinsèquement, en lui donnant soudain les armes d'une parole authentiquement parénétique.

La « sphère » comme lieu d'une signification parénétique

Dans la définition de la « sphère » qui n'occupe même pas la longueur de deux hexamètres, on s'aperçoit que trois termes renvoient plus ou moins directement à l'univers du combat et de la guerre. Le premier εὔκυκλος, n'apparaît pas plus de quatre fois dans l'*Iliade*, toujours comme épithète traditionnelle du nom masculin du bouclier ἀσπίς ; c'est en

---

1. On pourrait donc, ainsi, imaginer que c'est à partir d'une œuvre comme celle de Parménide que le terme κόσμος a pu commencer d'évoluer sémantiquement dans la langue, jusqu'à désigner directement, pour les usagers, le « monde », et l'« univers »-même, organisés comme un tout, et qu'il aurait été interprété dans ce sens par les premiers lettrés même qui lui succédèrent.

tant que tel, aussi, qu'il est employé dans les élégies guerrière de Tyrtée[1]. Le nom ὄγκος qui signifie très exactement « courbure » – et non pas « masse, poids » comme on le croit encore trop souvent –, se rencontre dans l'*Iliade* avec un sens plus technique. Il y désigne la forme crochue des barbes qui se trouvent à la pointe d'une flèche. Si l'acception homérique, toujours plurielle, correspond indéniablement à une spécialisation contextuelle du sens originel du nom, le fait que celui-ci dérive d'une racine indo-européenne dont la signification a pu aussi se réaliser au sens figuré d'« orgueil », de « noblesse », n'est pas pour contrarier la possibilité qu'il comporte, dans le poème de Parménide, quelque réminiscence guerrière[2]. Enfin,

1. La formule ἀσπίδας εὐκύκλους se trouve chez Tyrtée en 19, 15 (West) et en *Il.* 5, 453 ; 12, 426 ; 13, 715 ; 14, 428. Dans les deux occurrences de l'*Odyssée*, l'adjectif renvoie aux roues hautes du char de Nausicaa.

2. Dans le sens de « barbes de flèche », on trouve ὄγκος deux fois, toujours au pluriel, en *Il.* 4, 151 et 214. On a longtemps considéré – comme le fait encore le *DELG*, s. v. ὄγκος, p. 745 – qu'ὄγκος au sens de « masse, poids » et ὄγκος au sens de « barbe de flèche » ne pouvaient qu'être deux homonymes issus chacun d'une racine différente : le premier serait un dérivé à vocalisme *o* du thème I de la racine *$h_1$nek-* (*$h_1$onk-o-*) dont est issue la forme verbale ἐνέγκειν, « porter », le second, de la racine *$h_2$enk-* signifiant « être courbe » (*$h_2$onk-o-*). Il est à présent bien établi « que les deux homonymes ne font qu'un » et qu' « il faut partir d'un lexème unique ὄγκος (<i.-e. *$h_2$onk-o-*) "courbure" ». Cf. *CEG* (4), s. v. ὄγκος, *in DELG*, p. 1332-1333. C'est le sens qu'il convient désormais de lui donner dans le poème de Parménide, en 8, 43, et certainement aussi chez Empédocle. *Cf.* Lamberterie 1990, p. 720-721, et en particulier n. 26. Il semble que la signification de la racine ait pris un double développement, tant en grec qu'en sanskrit, avec d'un côté l'acception « courbure », de l'autre celle de « rondeur, gonflement ». C'est cette dernière qui se retrouve notamment dans l'adjectif ὀγκύλος, « enflé, orgueilleux ». Selon le *LIV*, qui donne à la racine le sens de "zuteilen" (« attribuer, impartir »), le sens concret de « poids » serait précisément à rattacher à un sens figuré "Würde, Stolz" (« noblesse, dignité, fierté »). Le nom de la « nécessité », ἀνάγκη, serait également issu de cette racine. Cf. *LIV*, s. v. ? *$h_2$enk-*, p. 268, n. 1.

l'adjectif ἰσοπαλής est un composé à partir de l'adjectif ἴσος, « égal », et d'une forme dérivée du verbe παλαίω, désignant la « lutte » par opposition au « pugilat ». Sous le sens figuré « équivalent », se cache donc la signification originelle « de force égale à la lutte »[1]. Ainsi, à travers ces trois formes linguistiques, la « sphère », telle que Parménide la décrit, prend manifestement une coloration guerrière.

Or, d'autres termes, égrainés dans tout le poème, semblent confirmer la présence non négligeable et diffuse des images appartenant au champ de la guerre, à commencer par διάκοσμος, qui apparaît peu après le passage sur la sphère et vient conclure le fragment 8. Si ce nom renvoie effectivement à l'ordonnancement de l'univers chez Aristote, il est employé aussi en contexte guerrier pour désigner la mise en ordre d'un corps de troupes, comme déjà le verbe dérivé διακοσμέω dans l'*Iliade*[2]. Une analyse exhaustive révèlerait peut-être une importance non encore mesurée du champ lexical de la guerre et du combat. Je ne citerai, ici, que quelques expressions sans en commenter les emplois : θυμός en 1, 1, qui fait souvent référence à l'élan vital du guerrier dans l'épopée et l'élégie guerrière ; ἀτρεμὲς ἦτορ en 1, 29 qui rappelle le cœur courageux (« sans tremblement », ici) du guerrier dans les mêmes poèmes ; le verbe ἀποτμήγω, en 4, 2, qui comme l'a souligné J. Bollack (1957, n. 11, p. 58), est employé, dans les poèmes homériques, pour désigner l'isolement d'un guerrier par rapport à son armée ; πολύδηρις en 7, 5, *hapax* parménidien forgé sur le nom féminin δῆρις, « lutte, bataille », qui signifie

1. Cf. *DELG*, s. v. ἴσος, p. 452 et παλαίω p. 821

2. Voir notamment Pseudo-Aristote, *Du monde*, 400 b 32, διάκοσμος οὐρανοῦ καὶ γῆς. Pour l'*Iliade* il s'agit, en particulier, du vers 2, 476, ὣς τοὺς ἡγεμόνες διεκόσμεον ἔνθα καὶ ἔνθα # ὑσμίνην δ᾽ ἰέναι, « de même les chefs rangeaient leurs hommes ici et là pour marcher au combat ».

très exactement « aux multiples combats » ; ἔμπεδον, enfin, en 8, 30, qui, comme le verbe μένω auquel il est d'ailleurs associé, renvoie à l'immobilité du guerrier hoplitique qui doit « rester » les pieds bien plantés au sol. S'il est vrai que la « sphère » parménidienne est une image pour penser le fonctionnement « *kosmique* » de la signification linguistique du poème, ces quelques exemples viennent en étayer la connotation guerrière. Par cette « sphère », le poète-locuteur signale, d'une certaine façon, à son destinataire que non seulement la signification de son discours constitue un *kosmos* global, mais qu'il l'a mise aussi en ordre de bataille pour le convaincre. Elle est « invincible », comme cela est d'ailleurs dit explicitement en 8, 48, en conclusion du passage où ἐστι lui est comparé et où l'on apprend que celui-ci ne saurait être ni plus, ni moins que lui-même : ἐπεὶ πᾶν ἐστιν ἄσυλον, « puisqu'il est absolument inviolable, insaisissable »[1]. La signification se fait donc, aussi, offensive et autoritaire[2].

Or ceci n'est pas pour contredire un discours qui se définit comme πιστὸς λόγος lorsque le poète-locuteur déclare six vers plus loin, en 8, 50, qu'il abandonne là son « discours propre à persuader », παύω πιστὸν λόγον. Le terme λόγος, en

---

1. L'adjectif privatif ἄσυλος signifie très exactement « qui ne peut pas être saisi, à l'abri, en sécurité ». Il semble directement issu du verbe συλάω qui nous signale finalement, encore une fois, la présence latente, dans le poème de Parménide, de l'univers guerrier, puisqu'il a pour sens précis, « dépouiller de ses armes ». Cf. *DELG*, s. v. συλάω, p. 1033.

2. Comme on va le voir immédiatement, il ne s'agit pas tant, pour le poète-savant, d'apprendre à son auditoire « une certaine façon de voir la réalité » (*cf.* Robbiano 2006, p. 129 et 208 notamment). Le problème est linguistique, énonciatif, et persuasif : Parménide construit manifestement un système *kosmologique* à l'image de son λόγος, que l'élaboration d'un verbe *être* métamorphique et holosémantique, permet d'imposer efficacement à ses destinataires.

effet, est un terme fort et marqué pour désigner la « parole » du
poète, et signaler un moment clé du « discours », comme le
montre tout particulièrement cet autre emploi qui en est fait
au fragment 7 pour introduire le long développement sur le
verbe *être*, et concentrer l'attention au moment des deux vers
liminaires du fragment 8, vers essentiels où l'on apprend que
« reste ἐστι », et que « des signes sont ». On va voir que son
emploi l'y désigne comme le nom approprié à une parole
d'autorité :

> καὶ γλῶσσαν, κρῖναι δὲ λόγῳ πολύδηριν ἔλεγχον
> ἐξ ἐμέθεν ῥηθέντα. (B 7, 5-6 DK)
>
> […] Et qu'une langue ; juge au contraire, en mon discours, la
> preuve aux multiples combats,
> À partir de mes mots.

À l'accusatif γλῶσσαν, qui désigne la « parole »
métonymiquement par son organe, la « langue », c'est-à-dire
péjorativement comme une parole fallacieuse, faible et ineffi-
cace parce que vide de sens, s'oppose le couple formé par le
datif λόγῳ, le « discours », et le neutre pluriel ῥηθέντα, qui ne
fait que redoubler et préciser l'idée de « discours » en le
définissant par les « membres » qui le composent, pour le dire
en termes parménidiens, c'est-à-dire par les « choses dites ».
Dans le fragment, γλῶσσα est le troisième sens-organe, après
la vue et l'ouïe, à renvoyer au chemin trompeur des non-étants,
tandis que λόγος et ῥηθέντα désignent directement la parole
vraie du poète-savant, qui, elle, emprunte le chemin du verbe
être. Or, cette opposition entre les termes λόγος et γλῶσσα,
Tyrtée y a recours, dans ses élégies guerrières, avec la même
intention d'assurer à sa propre parole autorité et efficacité.
C'est chez ce poète élégiaque, dans le premier vers du
fragment 12 (West), que le terme λόγος apparaît pour la
première fois, dans la littérature grecque, au singulier et au

datif, exactement comme dans le vers parménidien, pour définir la nature de son discours. On ne rencontre γλῶσσα qu'en 12, 9, au terme d'un *priamel* parénétique[1], associé à la figure d'Adraste et à l'épithète ici dépréciative, μειλιχόγηρυς, «douce comme le miel». La condamnation de ce type de parole est un des procédés utilisés par Tyrtée dans le fragment 12 pour définir son discours, implicitement et de façon double, comme la seule vraie exhortation, c'est-à-dire comme une parole qui est, non pas pour charmer, qu'il s'agisse de ménager une fuite, ou de faire l'éloge d'un nom[2], mais tout entière pour instaurer l'action du guerrier.

1. Technique poétique archaïque dérivée du catalogue et familière à la poésie élégiaque, le *priamel* se manifeste souvent sous la forme d'une énumération paratactique négative d'éléments plus ou moins apparentés, tous rejetés au profit d'un élément final ainsi mis en valeur. M. L. West, montrant qu'il s'agit vraisemblablement d'une figure ancienne indo-européenne, le définit plus largement comme une série d'énoncés parallèles dont la succession vise à mettre en relief le dernier d'entre eux. *Cf.* West 2007, p. 116-117 : « a figure (…) whereby a series of parallel statements serves to throw the last into relief ».

2. L'association habile du héros Adraste, connu comme le dernier survivant du combat des Sept contre Thèbes, et l'adjectif μειλιχόγηρυς qui, tout *hapax* qu'il est, ressemble fort à l'épithète homérique μελίγηρυς, employée pour caractériser le chant des Sirènes (*Od.* 12, 187), permet, en effet au poète, de rejeter doublement toute parole usant de charmes : les paroles trompeuses d'Adraste ne lui ont finalement permis qu'une chose, c'est de fuir ; quant à la voix des Sirènes, ce n'est rien autre qu'un son d'éloge hypnotique qui fige son destinataire jusqu'à la mort. À propos du chant des Sirènes, voir Carastro 2006, p. 101-140. On peut mesurer la signification que prend l'expression de Tyrtée dans son poème, γλῶσσαν δ᾽ Ἀδρήστου μειλιχόγηρυν ἔχοι (12, 9 West), à la reprise qu'en fait Platon dans *Phèdre* 269 a 5, μελίγηρυν Ἄδραστον. Pour définir ce que n'est pas la méthode hippocratique, le philosophe choisit d'associer Adraste à la forme homérique de l'adjectif, mettant ainsi cette méthode, comme aussi sa propre méthode psychagogique, implicitement en opposition avec l'enchantement des Sirènes et en même temps en rapport avec l'efficacité de la diction élégiaque. Pour ce rapprochement entre Tyrtée et Platon, voir Desclos 2012a, n. 6 au texte A1b.

Le rapprochement que je viens d'établir entre les vers de Parménide et ceux de Tyrtée s'explique d'autant mieux que l'impératif κρῖναι, à la 2ᵉS, signale d'emblée la parole du *kosmologue* comme une exhortation, et que l'épithète πολύδηριν (« aux multiples combats »), nous renvoie directement, par métaphore, à un contexte guerrier. Ainsi, un tel emploi du terme λόγος, au datif singulier, redoublé par les ῥηθέντα, et souligné par l'opposition avec γλῶσσαν, n'est manifestement pas anodin. À travers lui, le discours du poète-savant assume sa tonalité parénétique et s'affirme comme parole d'autorité.

Mais ce n'est pas tout. Si les deux emplois du nom λόγος, en 7, 5 et en 8, 50, qui encadrent visiblement le développement sur le verbe *être*, évoquent celui qui en est fait dans l'élégie guerrière archaïque, les deux hexamètres définissant la « sphère », au centre de la double structure ternaire qui sous-tend précisément ce développement, se singularisent par un rythme particulier. En introduisant, de surcroît, une brève séquence ressemblant à une sorte de *priamel* dans lequel la succession de quatre οὔτε (« ni ») vient mettre en relief l'inviolabilité d'ἐστι (ἄσυλον), ils créent, pour ainsi dire, un effet de diction élégiaque, au cœur même du poème.

πάντοθεν, εὐκύκλου|ᴾ σφαίρης ἐναλίγκιον ὄγκῳ,
μεσσόθεν ἰσοπαλὲς|ᴾ πάντῃ·
                                        τὸ γὰρ οὔτε τι μεῖζον
οὔτε τι βαιότερον|ᴾ πελέναι χρεόν ἐστι τῇ ἢ τῇ.
οὔτε γὰρ οὐκ ἐὸν ἔστι,|ᵀᶜ τό κεν παύοι μιν ἱκνεῖσθαι
εἰς ὁμόν, οὔτ᾽ ἐὸν ἔστιν|ᵀᶜ ὅπως εἴη κεν ἐόντος

τῇ μᾶλλον τῇ δ᾽ ἧσσον, |^{Tc} ἐπεὶ πᾶν ἐστιν ἄσυλον·
οἱ γὰρ **πάντοθεν ἶσον,** |^{Tc} ὁμῶς ἐν πείρασι κύρει.
(B 8, 43-49 DK)[1]

Le vers élégiaque, second vers plus court du distique
élégiaque, dans son état rythmiquement régulier, est constitué
de deux *côla*, traditionnellement appelés *hémiépes*, entre
lesquels se situe la césure centrale : - u u - u u -|- u u - u u -. Or
la structure rythmique des deux premiers hexamètres de ce
passage fait très exactement penser à l'enchaînement de deux
vers élégiaques. Le premier *côlon*, dans chacun de ces deux
vers, se trouve être, en effet, un *hémiépes*, parfaitement
régulier en 8, 44, et comportant l'équivalence d'une unité
longue pour deux brèves (uu = -) en 8, 43. Puisqu'il s'agit, ici,
d'hexamètres, il est impossible que la seconde partie du vers
soit formée par un autre *hémiépes*. Après la césure penthémimère, les deux vers sont constitués chacun d'un *énoplion*.
Cependant la forme métrique de ce *côlon*-ci est telle qu'elle lui
donne l'aspect d'un *hémiépes* doté d'une syllabe longue
supplémentaire à chacune de ses extrémités, c'est-à-dire d'un
hémiépes tout à fait régulier avec une première et une
dernière syllabe super-longues : - - u u - u u - - => - u u - u u -.
Par conséquent, la structure rythmique des deux hexamètres
qui introduisent l'image de la « sphère » est parfaitement
assimilable, dans un énoncé oral, à celle de deux vers
élégiaques :

---

1. Voici la traduction que je propose p. 171-173 : « de toute part, semblable
à la courbure d'une sphère bien ronde/ du centre, de force égale en tout sens ; car
lui, ni plus grand/ ni plus petit, il n'est besoin qu'il soit d'une façon ou d'une
autre./ Car ni non étant il n'est, ce qui l'empêcherait de parvenir/ au même, ni
étant il n'est, – en sorte qu'il serait/ d'une façon, plus qu'étant/ et d'une autre
moins –, puisqu'il est tout-inviolable ; / car, de toute part, il se trouve égal à lui-
même, tout comme en ses confins. »

v. 43 - u u - - - |ᴾ - - u u - u u - - => - u u - - - | - u u - u u -
v. 44 - u u - u u - |ᴾ - - u u - u u - x => - u u - u u - | - u u - u u - [1]

Ce rythme purement élégiaque, redoublé de surcroît dans deux vers successifs, devait certainement frapper l'oreille d'auditeurs s'attendant plus vraisemblablement au rythme dactylique de l'hexamètre, généralement moins symétrique dans sa structure, et ce, d'autant plus que ce rythme semble se propager comme en écho jusqu'au vers 47. Entre la césure du second hexamètre élégiaque, en 8, 44, et celle du vers 8, 48 s'insère, en effet, la description complète de l'*être*-sphère sous

---

1. Pour le vers 8, 44, il ne faut pas exclure le fait que la syllabe brève de μεῖζον, étant en fin de vers, puisse subir un effet d'allongement sous l'influence de la consonne nasale v. En ce qui concerne la structure rythmique des deux vers, le phénomène de contamination de l'hexamètre dactylique par le vers élégiaque se rencontre chez Tyrtée à certains moments clé de ses fragments, importants, en particulier, d'un point de vue énonciatif. Le premier vers du fragment 12 (West) en est l'exemple caractéristique. Je me permets, à son propos, de renvoyer, à mon article : Année 2010, p. 85. On peut remarquer par ailleurs, dans le fragment 8 du poème de Parménide, que tous les vers de ce passage d'importance parénétique sont caractérisés par la présence d'une syllabe longue en sixième position et d'une fin de mot en septième position, ce qui signifie, pour le dire autrement, qu'ils associent en eux deux césures, simultanément possibles : la penthémimère et l'hephthémimère, ou bien la trochaïque troisième et l'hephthémimère pour les vers 8, 46-49, où sont ainsi mis en valeur les éléments logiques de la progression argumentative (τό κεν, ὅπως, ἐπεὶ, ὁμῶς). Selon M. Steinrück, ce trait particulier, assez fréquent chez Parménide (de l'ordre de 55 à 65 %), confère un rôle prééminent à la césure de son hexamètre, rôle que ne connaîtrait pas l'hexamètre homérique, et qui serait une des marques caractéristiques des vers de facture orphique. *Cf.* Steinrück 2006, p. 21-22. Il ne me semble pas improbable, cependant, que ce fonctionnement rythmique, non épique, de l'hexamètre puisse se rattacher aussi de quelque façon à l'inflexion qu'a commencé de connaître ce vers sous l'influence du vers élégiaque, dans les distiques des toute premières élégies du VIIᵉ siècle où s'échafaudait vraisemblablement, comme le suggèrent A. Aloni et A. Iannucci (2007, p. 93-99), une diction concurrente de celle de l'épopée.

la forme d'un *priamel* de trois vers, dont chaque premier *côlon* constitue lui aussi un *hémiépes*, régulier au vers 45 (-u u-u u-), et féminin aux vers 46 et 47 (-u u-u u-u)[1]. Étant donné qu'il s'ajoute encore à ceci un renvoi annulaire phonique entre l'adverbe πάντοθεν et la séquence ἰσο- des vers 43-44 et 49 qui encadrent le passage, il ne fait plus guère de doute que ce moment du fragment 8 représente un point énonciatif essentiel du poème. Au moment où l'élaboration du verbe *être* se cristallise à l'intérieur de la double structure ternaire du fragment 8 pour s'y concentrer et s'y résumer dans la définition centrale de la sphère, au moment où, désormais, le récit *kosmologique* peut s'engager, le poète-locuteur, pour assurer à son discours plus de force encore, recourt à une diction plus martelante, une diction proprement parénétique, en empruntant certains traits à la plus éminente représentante de cette diction, l'élégie guerrière archaïque[2]. L'autorité de sa

---

1. Les dénominations des *côla* sont celles que M. Parry a données aux figures rythmiques reconnues dans les formules homériques types. *Cf.* Parry 1928, p. 50-51, 71 et 78-79 = Parry 1971, p. 39, 57 et 63. Pour une présentation claire, voir aussi Steinrück 2007 (index p. 143). Les signes |, |P et |Tc indiquent respectivement la césure du vers élégiaque, la penthémimère et la trochaïque de l'hexamètre.

2. Il peut être éclairant, ici, de comparer les vers 8, 43-49 de Parménide avec la première séquence du fragment 12 (West) de Tyrtée, où le poète élégiaque affirme négativement sa parole comme un λόγος, et commence par un *priamel* qui s'achève, au vers 9, par un renvoi annulaire, phonique et syntaxique, au vers 1 :

[1]οὔτ᾽ ἂν μνησαίμην οὔτ᾽ ἐν λόγωι ἄνδρα τιθείην
οὔτε ποδῶν ἀρετῆς οὔτε παλαιμοσύνης,
οὐδ᾽ εἰ Κυκλώπων μὲν ἔχοι μέγεθός τε βίην τε,
νικώιη δὲ θέων Θρηΐκιον Βορέην,

parole, ainsi « sur-rythmée »[1] en son cœur même, ne peut donc être menacée.

Il ressort finalement de cette analyse du passage développant la comparaison du verbe *être* avec l'εὔκυκλος σφαῖρα, que l'image parménidienne de la « sphère » concentre en elle l'essence même du discours que le poète-savant échafaude, dans sa totalité globale et englobante. Le *kosmos*

[5]οὐδ᾿ εἰ Τιθωνοῖο φυὴν χαριέστερος εἴη,
πλουτοίη δὲ Μίδεω καὶ Κινύρεω μάλιον,
οὐδ᾿ εἰ Τανταλίδεω Πέλοπος βασιλεύτερος εἴη,
γλῶσσαν δ᾿ Ἀδρήστου μειλιχόγηρυν ἔχοι,
οὐδ᾿ εἰ πᾶσαν ἔχοι δόξαν πλὴν θούριδος ἀλκῆς·
[10]οὐ γὰρ ἀνὴρ ἀγαθὸς γίνεται ἐν πολέμωι

En voici ma traduction : « Je ne ferais point mention ni n'introniserais en mon discours un homme/ Pour la valeur de ses pieds ni pour ses talents de lutteur, / Pas même si des Cyclopes il avait la taille et la force, / Et triomphait à la course du Borée de Thrace, / Pas même s'il était, de nature, plus charmant que Tithônos, / Et avait richesse plus grande que Midas et Kinyras, / Pas même s'il était plus roi que le Tantalide Pélops, / Et avait d'Adraste la langue aux doux accords de miel, / Pas même s'il avait pour lui l'opinion tout entière, non pas, sauf pour son courage bondissant ; / Car un homme n'est point brave au combat (…) ». Pour la valeur de λόγος chez Tyrtée, voir notamment Année 2010.

1. L'expression est pour rendre, en mot-à-mot, le verbe grec ἐπιρρυθμίζειν que Platon emploie manifestement comme terme clé pour définir son propre mode d'écriture philosophique. C'est ce que démontre M. L. Desclos dans son tout dernier ouvrage. Voir Desclos 2012b, en particulier l'introduction, « "Accommoder selon un nouveau rythme" (*Lois* VII, 802 b), où comment le *style de la pensée* advint à la philosophie ». Comme le rappelle, d'autre part, très justement J. Bollack (2006a, p. 46 notamment), « le choix d'une écriture » n'est pas indifférent : il est une prise de position dans une situation de concurrence des savoirs. La lignée italique, à laquelle appartient Parménide, avec Xénophane avant lui et Empédocle après lui, se serait constituée dans une opposition à la tradition épique, pour aboutir, finalement, à

des choses réelles autant que le *kosmos* du discours sont à son image. Mais c'est au sens où ils en sont autant une émanation que sa préfiguration même par leur structure linguistique et le fonctionnement intrinsèque de leur signification continue. Dans de telles conditions, dès l'instant que je la profère (φατίζω, en 8, 60), ma parole est nécessairement vraie, car, nécessairement aussi, le « non-verbe-*être* » n'a plus aucune existence. Reste, cependant, qu'un discours ne saurait être vrai s'il n'était entendu et reçu comme tel par un quelconque destinataire. Le verbe *être* que Parménide élabore pour fonder l'autorité de son discours ne saurait donc être complet et efficace s'il n'était aussi le centre d'un autre mouvement de va-et-vient, duquel dépend l'existence même de tout discours dans une culture reposant viscéralement sur des modes de fonctionnement oraux : le mouvement énonciatif de réciprocité qui existe entre le *je* d'un locuteur et le *tu* d'un interlocuteur.

---

l'inauguration « d'un genre spécifique de poèmes sur la nature des choses et du monde : l'épopée didactique ». La prééminence de l'épopée homérique au sein de la poésie archaïque ne fait évidemment aucun doute. Mais il faut se défier de l'*homérocentrisme* auquel on s'est habitué et songer que cette diction poétique n'avait peut-être pas forcément une exclusivité absolue et incontestée au moment où les poésies hexamétriques de ces trois savants « présocratiques » se sont constituées. L'élégie guerrière, en particulier, s'est manifestement constituée face à elle, et il n'est sans doute pas indifférent que Xénophane se soit également essayé à « l'écriture » de distiques élégiaques. J'ajouterai, par ailleurs, et pour finir, que, comme y insiste E. Passa (2009) dans son étude de la tradition et de la langue du poème de Parménide, la présence non négligeable de traits lexicaux et morphologiques propres aux dialectes occidentaux – pour une grande part représentés par le dorien – prouve que notre poète-savant n'était probablement pas sans connaître les tours poétiques de la lyrique chorale occidentale.

Ἔστι OU LA CONDITION NÉCESSAIRE À L'INSTAURATION D'UNE κοινωνία LINGUISTIQUE ET SAVANTE

Construction d'une « communion » entre le poète-locuteur et son interlocuteur

La première partie du poème de Parménide est parcourue par le retour permanent d'adresses à un interlocuteur désigné à la 2ᵉS. De ce destinataire inconnu, le destinateur premier semble être la déesse, figure tout aussi anonyme, qui prend la parole dans le proème, pour s'effacer ensuite. Cette première structure permet d'établir un rapport d'équivalence original entre le locuteur du poème et son interlocuteur, reposant sur un effet de confusion. Comme l'a très bien dit C. Collobert, le proème qui introduisait le long poème de Parménide met en scène le poète-savant « comme un personnage extraordinaire dont la parole se mue en parole collective ». Ce serait, en effet, en passant le relais à la voix d'une divinité anonyme, nécessaire à toute parole révélée, que celui-ci « la convoque[rait] dans le lieu de l'universalité »[1]. Mais il me semble que le processus d'« universalisation » de l'énonciation est plus complet qu'elle ne l'a montré, plus profondément ancré dans les mailles du discours, et ce, dès les trois premiers vers :

ἵπποι ταί με φέρουσιν ὅσον τ᾽ ἐπὶ θυμὸς ἱκάνοι,
πέμπον, ἐπεί μ᾽ ἐς ὁδὸν βῆσαν πολύφημον ἄγουσαι
δαίμονος, ἣ κατὰ <πάντ(α) … >, φέρει εἰδότα φῶτα
(B 1, 1-3 DK)[2]

---

1. *Cf.* Collobert 1993, p. 33-49, p. 38 puis 44 pour les citations. Le premier chapitre, dans son ensemble, est consacré à la façon dont est présentée la parole du « penseur ».

2. Je reproduis ici le texte de Diels-Kranz, mais en conservant la leçon δαίμονος des manuscrits au lieu de δαίμονες, et en retenant du passage

Les juments qui me portent, aussi loin que mon élan peut
atteindre,
M'accompagnent, car elles m'ont conduit sur le chemin aux
multiples paroles
De la divinité, chemin qui porte le mortel prédisposé en
<tout…>.

Ce qui frappe, en tout premier lieu, c'est le passage de la
1^{re}S, dans le premier vers, à la 3^eS, dans le troisième, les deux
formes με et φῶτα étant, de surcroît, toutes deux à l'accusatif,
complément d'objet du même verbe φέρω, « porter », lequel
est explicitement répété comme pour souligner justement
ce processus. Mais la relation entre ces trois premiers vers
est plus complexe qu'il n'y paraît. La 1^{re}S, en effet, n'est
pas seulement désignée par le pronom personnel qui lui
correspond. Le nom θυμός, qui en est quasiment un anaphorique, c'est-à-dire un rappel purement discursif, en assume
aussi le rôle à l'intérieur d'un système temporel, non plus
défini par l'indicatif présent (φέρουσιν), mais par le potentiel
(ἱκάνοι). Autrement dit, avant de se changer en 3^eS, le *je* du
locuteur-poète déplace sa parole en dehors du présent *hic et
nunc* de la réalité pragmatique, dans un espace d'énonciation
virtuel caractérisé par une autre temporalité. De son côté, le
nom φώς est déterminé par le participe parfait εἰδώς, reposant
sur la racine *weid / *woid, de laquelle dérive aussi la forme du
verbe conjugué οἶδα, « savoir ». L'association de ce participe
à φώς, nom poétique et archaïque qui sert à désigner l'homme
mortel dans les poèmes épiques, semble une incitation à
l'interpréter aussi dans son sens archaïque de « disposition

conjecturé, entre crochets, pour lequel de nombreuses variantes existent, le seul
neutre pluriel πάντ(α), élidé ou non, qui semble le plus constant dans les
manuscrits de Sextus.

d'esprit». En effet, originellement, à cause du sens de la racine dont il est issu, il exprime moins la valeur résultative du parfait que sa valeur stative, une valeur d'état en tant que résultat d'une action, en l'occurrence ici, l'acquisition d'une connaissance[1]. Par conséquent, alors que le θυμός, qu'on le traduise par « vie », « courage », ou « désir », renvoie fondamentalement à un élan vital personnel qui rend possible toute action individuelle[2], c'est-à-dire à un « mouvement porté vers », le participe εἰδώς, de son côté, désigne implicitement l'immuabilité d'un savoir, potentiellement toujours déjà là, exactement comme on parle, pour une personne, d'un trait de caractère qui ne serait pas nécessairement, constamment ou pleinement, actualisé. Il ne s'agit donc pas simplement du passage d'une 1reS à une 3eS, mais du glissement, en filigrane, d'un *je*, pour ainsi dire, en marche vers un savoir, à un *il* toujours déjà prédisposé en lui-même à ce même savoir. Une telle construction, au tout début de l'œuvre, est doublement remarquable en ce qui concerne la parole du poète-locuteur, puisque d'une part, celle-ci se voit définie par un mouvement de *devenir*

1. Dans les poèmes homériques, le parfait a presque toujours le sens intransitif qu'il avait primitivement en grec : il exprime un état. « Ce sens apparaît d'une manière particulièrement frappante dans le cas des infinitif et participe parfaits εἰδέναι et εἰδώς qui expriment le plus souvent, *non pas l'acte de connaître, mais une manière d'être, de penser, ou de sentir* (je souligne) ». *Cf.* Bérard, Goube, Langumier 1992, p. 425. Dans ce sens ils se construisent le plus souvent avec un complément à l'accusatif neutre pluriel. Ce qui est peut-être le cas dans le vers de Parménide. En ce qui concerne le sens de ce verbe en grec, qui désigne une connaissance théorique et non pratique, voir *DELG*, s. v. οἶδα, p. 751-752.

2. Chez Tyrtée, notamment, le θυμός est le centre aussi bien physiologique que psychique sur lequel repose la possibilité de l'action particulière du guerrier. Mais plus généralement, « matière de la conscience », en tant que « souffle lié au sang », il est « actif, il pulse, bat ». *Cf.* Onians 1999, § 48-49, p. 68-70.

immobile, c'est-à-dire exactement ce qu'on a vu que représentait le verbe *être* dans le poème, et que, d'autre part, elle se trouve placée d'emblée, par les modalités du potentiel d'abord et du parfait ensuite, dans la dimension temporelle, ou plutôt a-temporelle, du virtuel où tout devient possible[1].

Mais la mise en scène initiale de Parménide est encore remarquable d'un point de vue plus strictement énonciatif. En effet, en se confondant avec une entité discursive impersonnelle, le *je* du locuteur appelle indirectement son interlocuteur à l'y rejoindre. En d'autres termes, le poète-savant pré-dessine ici, en creux, la figure d'un destinataire impersonnel, universel, déjà prédisposé à son discours de savoir, c'est-à-dire qu'il construit, en quelque sorte, par avant, la figure de son destinataire dans une disposition d'esprit telle qu'elle le rende propre à recevoir la vérité de son discours[2]. Ce qui permet au

1. Dans l'élégie 12 (West) de Tyrtée, le poète-locuteur non seulement construit d'abord sa parole à l'intérieur d'un premier mouvement (12, 1-9) en la définissant comme un λόγος d'autorité par opposition, notamment, à γλῶσσα, mais aussi en l'insérant dans un système potentiel qui semble la décrocher du réel. *Cf.* Année 2010, p. 86-88 en particulier.

2. Si le participe εἰδώς peut être pris, comme il arrive, dans un sens mystique pour désigner un initié par opposition aux profanes, non initiés à la vérité philosophique, c'est davantage, semble-t-il, en termes d'une stratégie d'énonciation visant à fonder une communauté de savoir. À propos de l'orientation initiatique du vers 1, 3, voir Lami 2005, p. 273, n. 16 à la traduction « l'uomo che sa » ; voir aussi Bollack 2006b, p. 15 qui parle d'initiation poétique reproduisant « les pratiques religieuses dont elle s'est détachée ». À titre indicatif, je signale qu'on a même pu lire le poème de Parménide en termes psychologiques d'une expérience mystique appelée « Mach-experience ». Il s'agirait d'une soudaine sensation du monde et de soi-même comme un tout indivis dans un présent-éternité. *Cf.* Sellmer 1998, p. 159. Pour T. P. Torgerson, la pré-disposition qui distingue l'εἰδώς φώς des εἰδότες οὐδέν du vers 6, 4, correspond à la possession d'un νόος opérationnel, fonctionnant, dès avant toute manifestation de la divinité, comme critère même de vérification des dires de celle-ci. De là viendrait, nécessairement, le renversement radical du rapport

poète, dès le commencement, de mettre en « communion » le *je* et le *tu* de son discours, c'est-à-dire d'instaurer entre eux une sorte de κοινωνία minimale et de jeter ainsi les bases d'une « communauté » parfaite où tout *il* impersonnel, autrement dit tout individu non défini personnellement dans le discours, peut prendre en charge autant le *je* que le *tu*. Par là même, à peine le poème commence-t-il d'être proféré que le destinataire est aussitôt happé à l'intérieur[1]. À peine la parole savante est-elle énoncée, qu'elle est déjà infaillible. S'enclenche alors

conventionnel traditionnel qui unit le poète à la Muse. *Cf.* Torgerson 2006, p. 29 et 37-38. D'une part, sans refuser au νόος et à la pensée la place qu'ils occupent indéniablement dans le poème de Parménide, la prédisposition au savoir de l'εἰδώς φώς repose peut-être davantage sur une affinité avec la notion complexe, car virtuellement contradictoire en elle-même, d'« achèvement », d'« accomplissement » exprimée par les mots de la famille de τέλος. Ce que suggère justement le distique élégiaque de Théognis (ἄνθρωποι δὲ μάταια νομίζομεν, εἰδότες οὐδέν·/ θεοὶ δὲ κατὰ σφέτερον πάντα τελοῦσι νόον, « We humans think in vain, knowing nothing; the gods fulfill all things accordind to their own purpose ») que l'auteur même souligne pour en montrer le lien avec l'expression pareménidienne du fragment 6. D'autre part, il me semble que le renversement du rapport du poète à la Muse trouve son origine profonde dans un renversement plus fondamental, celui du rapport que la poésie entretient avec le savoir : dès lors qu'elle ne transmet plus des données traditionnelles, mais qu'au contraire elle cherche à en instaurer de nouvelles, l'autorité de la Muse n'a plus aucun sens. Pour les poètes archaïques qui ont cherché à instituer véritablement quelque chose par leur parole, il semble que la meilleure stratégie leur parût de poser ce quelque chose, par diverses ruses linguistiques du discours, comme déjà institué au commencement même de leur parole. La diction de l'élégie guerrière vise en permanence cet effet. Dans le domaine savant, le médecin hippocratique, notamment, comme l'a démontré M.-L. Desclos (2012a), ne procède pas autrement qu'en élaborant aussi une stratégie d'énonciation particulière, propre à prédisposer d'avance son destinataire.

1. Il me semble, par conséquent, inapproprié de reprendre l'idée de « lecteur impliqué » de W. Iser, si ce n'est que pour reconstruire un auditoire idéal (*cf.* Robbiano 2006, chap. 1, p. 9-34).

une véritable stratégie énonciative dont le moteur même puise peut-être, lui aussi, à la source du monstrueux verbe *être* parménidien, défini comme un « être là » global et englobant, et conçu comme « substrat » essentiel du discours.

Ἐστι *ou le liant énonciatif d'une* κοινωνία kosmique

C'est vraisemblablement pour compléter la mise en place de cette stratégie énonciative, que le poète fait intervenir, en 1, 23, la voix d'une divinité, ni nommée ni définie, à travers laquelle, à ce moment-là, fonction de destinateur et fonction de destinataire vont se confondre et s'inverser. L'expression finale du vers 1, 23, καί με προσηύδα, « elle (la déesse) s'adressa à moi », renvoie, d'une certaine façon, à un processus énonciatif bien connu de la poésie épique et hymnique. Par l'intermédiaire du pronom de la 1reS, essentiellement, le poète-locuteur se présente comme le destinataire de la Muse ou de la divinité qu'il est en train d'invoquer. Ce jeu de projection du *je* du poète dans une instance divine inspiratrice, entraîne alors un mouvement de réciprocité, voire d'identité, entre les deux voix, qui confère au poème une valeur de vérité inébranlable[1]. Mais l'œuvre de Parménide n'a rien d'un poème hymnique, héroïque ou théogonique. Non seulement la déesse, n'est nullement invoquée de façon traditionnelle, mais elle n'apparaît encore véritablement que dans la seconde moitié du proème, et disparaît, pour ainsi dire totalement, du reste des fragments qui nous sont parvenus. En effet, non seulement rien ne nous dit explicitement que c'est encore

---

1. Pour ces questions énonciatives voir C. Calame (2000), et en particulier, ici, p. 35-40, et p. 59-73 pour la typologie des préludes, dits homériques. Pour la forme que prend ce système d'énonciation dans la poésie mélique en général, voir p. 74-86.

sa voix que l'on entend dans la partie *kosmologique* du poème, dans les fragments 12 et 13 notamment, mais surtout, cette voix n'y apparaît qu'à la 3ᵉS, c'est-à-dire dans un discours que nous rapporte le locuteur.

Par ailleurs, l'absence de toute invocation empêche d'assimiler la divinité parménidienne à la Muse de la poésie mélique où elle représente davantage une auxiliaire assistant le poète dans l'élaboration de son discours. Mais l'important est peut-être moins de pointer la différence entre notre poète-savant et les compositeurs de poèmes épiques, didactiques à la manière d'Hésiode, ou méliques en général, que de reconnaître qu'il se place dans une perspective radicalement différente. Il ne s'agit pas, pour Parménide, de *transmettre* un savoir, qui reste fondamentalement traditionnel, quelle que soit la forme nouvelle qu'on lui donne ou le contexte de sa manifestation, mais bien plutôt d'*instaurer* un savoir[1]. En ce

---

1. C. Collobert, en particulier, déclare que la différence fondamentale entre Parménide et les poètes héroïques est que le savoir chanté par ces derniers est « appréhendé temporellement ». Pour eux, « la connaissance est celle de l'avenir, seule connaissance qui assure le pouvoir et la force ». Mais elle n'en replace pas moins notre poète dans le même rapport énonciatif vertical entre une divinité inspiratrice et un poète réceptacle puisqu'elle considère la déesse parménidienne comme la figure du Destinateur absolu d'un savoir que le poète-savant, en s'effaçant devant elle, doit ouvrir à la parole. *Cf.* Collobert 1993, p. 42-43. C'est oublier que le *je* du poète reste fondamentalement premier, comme on vient de le voir, et c'est pourquoi, aussi, je préfère parler d'« instauration » et non de « révélation ». Il me semble, par ailleurs, que c'est exactement le même processus énonciatif, mais construit différemment, qui est à l'œuvre dans les fragments d'Héraclite. Dans le fragment 1 Conche (= 50 Bollack-Wismann), « il est sage que ceux qui ont écouté, non moi mais le discours, conviennent que tout est un », le savant se présente, en quelque sorte, à la fois comme destinateur et destinataire de son propre discours, c'est-à-dire à la fois locuteur et interlocuteur. Ce qui signifie que la sagesse est, non pas de ne pas écouter ce discours « comme venant simplement d'Héraclite » comme l'affirme M. Conche (1986,

sens, il me semble qu'il n'est pas vain de rapprocher à nouveau son poème des élégies guerrières du viie siècle. Ayant visé, les premières, l'*instauration* d'une « communauté » sur la base de l'expérience individuelle et collective du combat, elles ont en effet mis en place des procédés dictionnels et énonciatifs originaux leur permettant de construire une parole efficace qui ne s'autorise que d'elle-même. La différence est essentiellement d'ordre pragmatique. Alors que l'élégie guerrière situe sa parole dans une dimension virtuelle, au sens où elle réussit à déplacer le présent de sa profération dans l'avenir de la réalisation de l'action à laquelle elle exhorte, et la rend, par ce moyen, virtuellement toujours déjà accomplie, la parole parménidienne se place d'emblée hors de tout contexte pragmatique d'énonciation. Si l'on ne trouve aucune instance d'énonciation divine, dans les fragments d'élégie guerrière conservés, rien de surcroît ne laissant à penser qu'il y en eût une, la présence d'une déesse indéterminée chez Parménide, en revanche, transporte la parole du locuteur dans un indéfini absolu. Néanmoins, au bout du compte, le résultat reste frappant de similitude.

Étant donné que le basculement du *je* du poète en un *tu* d'interlocuteur, opéré par la voix de la déesse, ne se produit, dans le proème savant, qu'en 1, 23, après la délinéation, en creux, d'un interlocuteur universel et anonyme, celui-ci ne sert qu'à mettre en place une sorte de fusionnement des instances

---

p. 24), mais peut-être plutôt de l'écouter comme la seule parole de savoir érigée en parole d'autorité par le poète-locuteur. L'universalité du « discours » (λόγος) se réalise dans la virtualité même que celui-ci construit et où les opposés peuvent véritablement coïncider. Voir notamment le commentaire de J. Bollack et H. Wismann (1972, p. 176-177).

énonciatives *je* et *tu*[1]. Si l'élégie tyrtéenne ne s'adresse pas à un interlocuteur à la 2ᵉS, l'évanescence progressive du *je* du locuteur à l'intérieur d'une instance impersonnelle universa-lisante opère une sorte de « communauté » primordiale entre le poète et son destinataire. Puisque l'élégie guerrière s'élabore en une parole d'autorité qui doit servir à instaurer une nouvelle κοινωνία, une « communauté » politique, la parole du poète élégiaque doit en constituer le premier *liant*. Mais cela n'est possible qu'à la condition que le poète-locuteur accepte de s'effacer dans une instance impersonnelle qui devient, alors, le seul *liant* capable d'opérer réellement l'institution de cette κοινωνία. Dans l'élégie de Tyrtée, ce *liant* énonciatif est représenté par l'expression exemplaire ὅστις ἀνήρ, « tout homme quel qu'il soit » (12, 16 West). C'est lui que la diction parénétique institut en ξυνὸν δ᾽ ἐσθλὸν τοῦτο πόληΐ τε παντί τε δήμωι, ce fameux « bien précieux, commun à la cité et au peuple tout entier » (12, 15 West). Le νεός spartiate, exhorté à devenir un ὅστις ἀνήρ au combat, devient dès lors lui-même le *liant* qui va permettre de constituer la communauté des δημόται, pluriel collectif pour désigner les « membres » identiques d'une κοινωνία pensée comme un tout[2]. L'adjectif

1. Je vois donc, dans la figure de la déesse, avant tout autre possibilité, un outil énonciatif nécessaire à l'efficacité de la stratégie mise en place par notre poète-savant. Compte tenu de la dimension orale de toute les formes d'expression du savoir en Grèce jusqu'à la période classique, pour un discours poétique réellement prononcé devant un auditoire, la présence d'un tel outil est bien plus essentielle, que celle, comme certains semblent le croire, d'un outil logique permettant de résoudre « the tricky problem that philosophical first principles cannot be proven by means of philosophy » (Torgerson 2006, p. 41).

2. C'est l'expression δημότας ἄνδρας, chez Tyrtée, en 4, 5 (West), dans l'un des fragments consacrés à la constitution politique spartiate. Pour le sens et l'emploi du terme δημόται, « presque toujours au pluriel », par rapport à ἰδιώτης, dans la *Collection* hippocratique, voir Desclos 2012a, « Notice

poétique ξυνός désigne ici la qualité particulière à chaque individu dépersonnalisé, qui constitue en lui la condition nécessaire à sa participation au tout commun.

Or chez Parménide, c'est ce même adjectif ξυνός, en 5, 1, qui sert précisément à désigner comme *liant* du discours dans son ensemble la forme ἐστι, représentative du verbe *être*. Ceci, par l'intermédiaire, cette fois, de la présence explicite de la 1 re S exprimée par le pronom personnel au datif, μοι, servant de premier indicateur locatif. Chez Parménide, ἐστι, et le verbe *être* en général, est le lieu où les instances *je* et *tu* peuvent s'échanger indéfiniment. Une fois le poète-locuteur défini à la fois comme un *je* et un *tu* grâce à la voix de la déesse, le verbe *être* peut fonctionner comme le *liant* d'une véritable communauté énonciative, permettant l'identification automatique de tout destinataire à tout locuteur prenant en charge le discours dans une performance orale. Ce qui différencie essentiellement notre poème de l'élégie guerrière, c'est, encore une fois, son contexte pragmatique[1]. De même que la diction

introductive ». De manière similaire, en participant à la construction de la « triple *publicité* » du médecin hippocratique, il instaure, face au locuteur-savant, une nouvelle communauté.

1. Pour le contexte pragmatique pythagoricien du poème, voir Bollack 2006b, p. 58-59. S'il est vrai que le poème savant de Parménide est de ceux « qui étaient écrits pour être médités », les lectures en commun dont il devait faire l'objet, au sein de cercles d'étude de tradition pythagoricienne, constituaient très vraisemblablement d'authentiques performances orales. Les *Histoires* d'Hérodote elles-mêmes ont été diffusées par des lectures publiques. Si « la mise en forme littéraire suppose une communauté », si « les pratiques de lecture et de réflexion étaient partagées [et] s'organisaient autour d'un maître (…) parlant en son nom comme en celui des membres de la communauté », l'autorité de la parole du poète, en personne, ne pouvait être effective que proférée oralement, d'une façon qui n'est peut-être pas très différente de celle des poètes de l'élégie guerrière du VIIe siècle. Une telle hypothèse n'a rien d'extravagant quand on sait que Xénophane, avec qui Parménide a eu commerce, a composé

éminemment parénétique de l'élégie guerrière vise à instituer la communauté des citoyens-guerriers, de même la diction élaborée par Parménide vise à mettre en place une parfaite κοινωνία *kosmique*, *kosmique* étant entendu comme adjectif relationnel du *kosmos* archaïque signifiant l'«ordonnancement». Notre poète-savant ne se place pas dans la perspective politique d'une cité se constituant par l'action effective de chacun de ses membres, comme c'est le cas du poète élégiaque. Grâce au fonctionnement particulier du verbe *être* dans le poème parménidien, l'interlocuteur devient membre d'une communauté linguistique et, partant, de la totalité *kosmique* telle qu'elle est définie par la «sphère», au même titre que les μέλεα du monde et que les μέλεα du discours. Dès lors, fondé sur un tel *liant*, le discours du poète s'affirme définitivement comme un savoir d'autorité. Car, comme la définition de la «sphère» le montre, sa parole reste parénétique. C'est à l'intérieur même de la communauté virtuelle de langage et de savoir, englobant tout destinataire, que la parole peut se faire persuasive[1]. Ainsi la parole de Parménide est infaillible parce

des élégies, qui, bien que non guerrières et destinées aux cercles confidentiels de réunions symposiaques, sont de celles qui s'approchent le plus, par leur structure et leur lexique, des poèmes de Tyrtée.

1. P. Destrée souligne bien que le sens originel de ξυνός est profondément lié au contexte de la guerre puisqu'il est associé, chez Homère, au cercle que formaient les guerriers pour échanger le butin et prendre tour à tour la parole. Mais s'il insiste à juste titre sur le fait qu'aussi bien pour Héraclite que pour Parménide, «l'idée de "communauté" doit être pensée dans un contexte de "guerre"» (*cf.* Destrée 2000, p. 9), rattachant ainsi exclusivement et unilatéralement le poème savant à la diction épique, il manque, me semble-t-il, toute la force parénétique des vers de Parménide. C'est pourquoi, partir de l'emploi de l'adjectif ξυνός dans la diction de l'élégie guerrière, entièrement consacrée à l'univers de la guerre et à l'exhortation, me semble plus satisfaisant pour expliquer celui qu'en fait notre poète-savant.

qu'en quelque sorte, elle fonde cette « communauté parfaitement ordonnancée », autant qu'elle est fondée par elle. Ce qui s'explique par le fait que, tout en se confondant virtuellement, les instances énonciatives *je* et *tu* conservent bien distincts leurs rôles discursifs respectifs, et qu'à leur origine semble encore, toujours et déjà se trouver l'essence linguistique du verbe *être*.

Ἐστι *ou le substrat absolu d'un discours* kosmique *infaillible*

La jonction établie entre le fragment 7 et le fragment 8, dans la première partie du poème, montre, de façon relativement explicite, que le verbe *être* représente la condition qui rend possible le λόγος du poète-locuteur par lequel (λόγῳ) un interlocuteur, adressé à la 2ᵉS, est appelé à juger de la vérité (κρῖναι). Le verbe *être*, dont tout signe linguistique peut, pour ainsi dire, signaler la présence dans le poème, est finalement la condition qui rend possible le rapport fondamental existant entre un *je* et un *tu*. Il est la condition d'un rapport simultané d'identité et de différence, condition ultime de l'autorité infaillible du discours. Aussi, conjointement à l'élaboration du verbe *être*, se met aussi en place, dans le poème, un rapport parénétique original entre un locuteur à la 1ʳᵉS et un interlocuteur à la 2ᵉS. Si la première partie semble construire un rapport vertical d'exhortation du *je* au *tu*, un fragment de la partie *kosmologique* donne implicitement le rôle primordial à la 2ᵉS.

Le fragment 2, et en particulier son premier vers, occupe ici une place fondamentale. Celui-ci lance, en effet, le mouvement parénétique de la diction parménidienne que l'on trouve diffus dans toute la première partie du poème, jusqu'à la fin du fragment 8.

εἰ δ' ἄγ' ἐγὼν ἐρέω, |ᴾ κόμισαι δὲ σὺ μῦθον ἀκούσας
(B 2, 1 DK)

Allons, moi, je dirai mais, toi, accueille en toi ma parole, en
écoutant…

Avec son introduction exhortative, εἰ δ' ἄγε, « allons ! »,
avec la confrontation symétrique, de part et d'autre de la
césure penthémimère, entre une forme future de la 1ʳᵉS (ἐρέω)
et d'un impératif à la 2ᵉS (κόμισαι), ce vers est une définition
parfaite du discours parénétique en acte et le moteur d'une
parole authentiquement performative [1]. En exprimant symétriquement les deux entités discursives ἐγών et σύ, chacune dans
un hémistiche de l'hexamètre, toutes deux au nominatif, c'est-
à-dire toute deux dans la même position syntaxique de rection
verbale, le poète-locuteur les pose dans leur stricte équivalence, fondant ainsi la possibilité d'une parole efficace. Car
c'est aussi pour en distinguer plus radicalement les rôles. À la
1ʳᵉS, l'affirmation et l'auto-certitude de l'énonciation, établie

---

1. La forme ἐρέω est un futur performatif bien connu des dictions épiques
et didactiques, soucieuses d'assurer l'autorité de la parole du poète-locuteur, au
moment de l'exécution orale du poème. Mais il me semble que la structure
énonciative dans laquelle l'insère ici Parménide lui confère une valeur
résolument parénétique, dont la performativité est davantage celle d'un « faire
faire » (« tu écouteras ») que celle d'un « faire » (« je dirai »), comme c'est le cas
des paroles plus narratives ou didactiques : dans l'*Iliade*, notamment, en 2, 493,
la forme ἐρέω, une fois les Muses olympiennes invoquées, permet d'initier le
catalogue des vaisseaux ; chez Hésiode, les trois seules occurrences, dans *Les
travaux et les jours*, en 202 (νῦν δ' αἶνον βασιλεῦσιν ἐρέω), 286 (σοὶ δ' ἐγὼ …
ἐρέω) et 661 (ἐρέω Ζηνὸς νόον) se contentent de mettre en relief la parole
du poète ; même dans le poème d'Empédocle, si le ton tend davantage
à l'exhortation (*cf.* 17, 14 DK, ἀλλ' ἄγε μύθων κλῦθι), les trois emplois, en 8,
1 DK (ἄλλο δέ τοι ἐρέω), et 17, 1 et 16 DK (δίπλ' ἐρέω), restent plus
traditionnels. Je remercie C. Calame d'avoir attiré mon attention sur ces
différentes occurrences.

par la modalité du futur ; à la 2ᵉS, l'injonction de recevoir cette énonciation. Deux positions opposées que reprennent, de surcroît, en écho, les trois formes verbales de la fin du même fragment, en 2, 6-8 : d'un côté le déclaratif φράζω, « j'énonce, j'indique », de l'autre, les potentiels exhortatifs à la forme négative, γνοίης et φράσαις, « tu ne saurais connaître ni l'énoncer ».

Dans les autres fragments, les formes verbales au futur et à l'impératif, ainsi que les positions syntaxiques des pronoms personnels renvoyant aux deux entités *je* et *tu*, tissent en toile de fond la tonalité parénétique de la parole du poète-locuteur dont le savoir doit se propager dans son interlocuteur. Ainsi en est-il du vers 6, 3, où σε élidé, manifestement en dépendance de la tonalité parénétique du fragment, semble fort anticipé par la particule énonciative et déictique, γε, qui souligne phoniquement le pronom de 1ʳᵉS dans le vers précédent, μηδὲν δ᾽ οὐκ ἐστιν· τά γ᾽ ἐγὼ φράζεσθαι ἄνωγα, « voilà, moi, ce que j'exhorte à méditer » ; le vers 7, 2 associe l'expression exhortative ἀλλά à l'impératif εἶργε, « écarte (ta pensée) », suivi en 7, 3 d'un impératif à la 3ᵉS dont l'interlocuteur n'est plus que l'objet, μηδέ σ᾽ ἔθος … βιάσθω, « que l'habitude ne t'entraîne pas de force » ; en 8, 7-8, l'interdiction du locuteur portant sur les verbes « dire » et « penser » est exprimée, avec force, par un futur en fin de vers : οὔτ᾽ … ἐάσω, « je ne te permettrai pas » ; en 8, 50 et 52, après avoir été visé par le discours dans la forme du pronom personnel au datif, σοι, la 2ᵉS de l'interlocuteur devient sujet de l'impératif μάνθανε, « apprends » ; enfin, les deux derniers vers du fragment 8 (60-61), réaffirment autoritairement, à la fin de la première partie du poème et au moment de commencer le discours *kosmologique*, les positions syntaxiques propres au *je* et au *tu* : τόν σοι ἐγὼ διάκοσμον ἐοικότα πάντα φατίζω, / ὡς οὐ μή ποτέ τίς σε βροτῶν γνώμη παρελάσσῃ, « cela, de moi à toi, je le profère comme un bon agencement semblable en toutes ses parties, afin que jamais aucun jugement des mortels ne passe hors de ta portée ». C'est ainsi une exhortation au savoir en bonne et due forme, adressée au *tu* par un *je*, qui s'élabore dans la première partie du poème, en parallèle à la construction d'un verbe *être* métamorphique et holosémantique. Ce n'est que dans les fragments qui nous restent de la seconde partie que la personne de l'interlocuteur devient sujet de verbes au futur, et en particulier, très significativement, d'un futur, pour ainsi dire métamorphique, du verbe « savoir », dans le fragment 10 : εἴσῃ, premier mot du fragment, πεύσῃ en 10, 4 et εἰδήσεις en 10, 5, sont en effet trois formes de futur signifiant « tu sauras », εἴσῃ et εἰδήσεις étant en outre deux formes possibles du futur ionien-attique du même verbe οἶδα.

Si cela pourrait suffire à assurer l'autorité d'une parole poétique, le fragment 13 cache peut-être encore un ultime σῆμα du verbe *être*, propre à sceller définitivement l'infailli-bilité du discours poétique et savant en instaurant le savoir pro-féré comme un νῦν, comme un « être là », infailliblement *là*.

πρώτιστον μὲν Ἔρωτα θεῶν μητίσατο πάντων (B 13 DK)

Si cet hexamètre dactylique, transmis par Platon, se traduit habituellement, « Eros fut le premier des dieux que son esprit machina », l'interprétation de la diction parménidienne que j'ai menée jusqu'ici invite à se méfier des apparences. Il n'est pas indifférent, en effet, que la forme à l'accusatif du nom grec du dieu Eros, Ἔρωτα, correspond très exactement à l'impé-ratif du verbe ἐρωτάω, « demander, interroger », à la 2eS, ἔρωτα. Il se pourrait donc que ce vers nous dise en filigrane que la première des entités *kosmiques*, dans le poème de Parménide, n'est autre que la formulation d'une demande primordiale, celle-là même qui instaure le rapport essentiel entre un *je* et un *tu*, et fonde l'existence même de toute parole :

« interroge(-moi) ». À l'origine du *kosmos*, en d'autres termes, se trouve la parole demandant elle-même la parole. Or dans le verbe « interroger », la valeur de l'impératif se voit d'emblée infléchie. Si tout impératif à la 2eS se caractérise par un *tu* qui, bien que sujet, reste dominé par la présence autoritaire d'un *je*, ἔρωτα a la particularité de situer la parole du *tu* à l'origine de celle du *je*. Le sémantisme du verbe réussit, ici, à rendre parfaitement immobile le mouvement de va-et-vient ininterrompu entre les deux entités énonciatives *je* et *tu*, et ce faisant, à figer en quelque sorte la parole dans l'éternité de sa naissance. À l'origine du *kosmos* se trouverait finalement la parole dans son absoluité[1].

Mais l'accusatif Ἔρωτα nous intéresse encore par sa composition syllabique. Si l'on se concentre sur la succession des voyelles de ce mot, ε, ω et α, on constate qu'elle décrit un parcourt très précis, celui de l'ordre alphabétique en sens inverse : à travers ses voyelles lues en *boustrophédon*, la forme

---

1. Si le système « physique » de Parménide, opérant avec les trois termes fondamentaux que sont le jour et la nuit, reliés par la puissance d'union Eros, peut sembler faible par rapport à celui d'Empédocle dont l'une des deux puissances primordiales, Φιλότης, possède un nom de l'« Amour » « plus universel qu'*Eros* » (*Cf.* Laks 2004, p. 26-28), c'est peut-être justement parce que le nom d'Eros repose sur un jeu de mot essentiel avec le verbe « demander » qui place d'emblée le discours parménidien sur un autre plan, un plan purement linguistique et énonciatif. Eros pourrait bien être, avant tout, la puissance instauratrice du discours. Remarquons, ici, que ce n'est peut-être pas un hasard si ce fragment 13 nous a été transmis par Platon, lui qui associe manifestement la puissance d'Eros à celle des discours. Cela nous mènerait trop loin du poème parménidien, mais il ne serait peut-être pas inintéressant de se pencher, en particulier, sur les trois occurrences de l'accusatif Ἔρωτα dans le discours de Diotime, que la dernière vient justement conclure (*Banquet*, 204 b 4 et 8, puis 212 b 5), ainsi que, peut-être surtout, sur le prologue du *Charmide* (notamment 155 c 5-e 3) où Socrate, très explicitement sous l'emprise d'Eros, reste muet devant la beauté du jeune Charmide tant que celui-ci ne l'a pas interrogé (αὐτοῦ ἐρωτήσαντος, « une fois qu'il m'eut demandé »).

linguistique ἔρωτα indique assez clairement une route, une direction, un sens, qui va de α à ω, pour aboutir à ε. Ce qui semble bien signifier qu'en parcourant toutes les unités minimales du discours du début à la fin et de la fin au début, il reste toujours ε, au sens où celui-ci se définit, en même temps, comme le produit de toutes ces unités et comme le substrat primordial qui les contient toutes. Or ε n'est autre que le radical, l'ultime *substrat*, de toutes les formes prises dans le poème par le verbe *être*, que tout usager de la langue pouvait aisément identifier. Il se trouve, en outre, que c'est aussi la cinquième lettre de l'alphabet grec. Ce qui n'est probablement pas sans importance s'il est vrai que la conception parméni-dienne du *kosmos* dans son ensemble et de la Terre elle-même repose sur une répartition fondamentale en cinq zones[1]. Au terme de l'analyse de la structure énonciative du poème, comme au terme de son interprétation d'ensemble, on retrouve donc, par ce mouvement de *boustrophédon* même, conçu comme un va-et-vient perpétuel et qui semble définitivement caractériser la parole de Parménide, le verbe *être* comme *lieu* et *liant* irréductible et minimal du discours. Tout se passe fina-lement comme si le poète-savant allait jusqu'à déconstruire le verbe *être* lui-même en ses éléments fondamentaux pour pouvoir instaurer avec lui un discours de vérité absolue[2] et

1. *Cf.* Bollack 2006b, p. 275 et 282.
2. Mon approche linguistique du poème de Parménide y réduit donc la question de la vérité à une stratégie purement énonciative. Mais compte tenu du contexte culturel auquel appartient la poésie de ce savant « présocratique », compte tenu, autrement dit, de son rapport de concurrence avec d'autres savoirs et de la dimension orale de sa transmission, une telle approche me semble au moins un préalable à toute autre interprétation possible, comme celle de D. I. Papadis (2005), en particulier, qui voit, dans les fragments de notre poète, une voie d'accès à la vérité ultime, « the truth about the so-called ἐόν »,

sans fin car éternellement repris en charge par un *tu* toujours
au-déjà du *je*.

En abordant d'un point de vue purement linguistique les
fragments qui nous restituent ce que devait être le poème de
Parménide, j'ai voulu démontré qu'il est encore possible
d'apporter des éléments de compréhension aux textes de ceux
qu'on appelle encore « Présocratiques », sans leur appliquer
d'emblée une grille conceptuelle. Il semble que l'élaboration,
unique en son genre, du verbe *être* parménidien, qui a eu un
impact immédiat auprès des contemporains mêmes du poète-
savant, invite naturellement à une telle lecture. À travers le
parcours sémantique, morphologique et énonciatif, qu'elle
suggère elle-même, il s'avère que la voie de l'*être*, fondamentalement, ne représente pas autre chose que le cheminement
virtuel construit par la totalité du discours, mais d'un discours
particulier, reposant sur les ressorts d'une diction poétique qui
puise à la source même de la langue grecque[1]. Ces ressorts,
Parménide les exploite en poète authentique pour faire de son
verbe *être* un outil linguistique capable d'assurer à sa parole
une infaillible autorité.

Le poème ne conduit nullement à l'avènement du participe
substantivé τὸ ἐὸν comme sujet ontologique de la philosophie
naissante. Si la 3ᵉS ἐστι, en tant que forme grammaticale

comprise comme transcendance de la connaissance empirique et plus
largement de la connaissance trompeuse des sens.

1. Il est indéniable qu'en choisissant de composer en diction épique,
Parménide puise à un fonds de connaissances traditionnelles très ancien.
L. D. Steele (2002) a fait valoir, à ce propos, en s'appuyant essentiellement sur
l'ouvrage de référence de M. L. West (*The East Face of Helicon*, Oxford, 1997),
que le proème parménidien recelait, en outre, des éléments attestant une
influence possible de la tradition mésopotamienne ancienne.

représentative du verbe *être*, est la plus exemplaire, chacune des autres formes du poème constitue un « membre » (μέλος) à part entière sans lequel le tout ne saurait fonctionner efficacement. Le verbe *être* de Parménide, entité linguistique globale et globalisante, holosémantique et métamorphique, dont le fonctionnement se définit comme un *devenir immobile*, par analogie avec la technique poétique du *boustrophédon*, généralisée et appliquée en tous sens à l'intérieur des limites d'une « sphère bien ronde », est le *lieu* discursif irréductible et universel où se rejoignent et se confondent le *je* et le *tu* d'une parole *kosmologique* infailliblement vraie dès l'instant qu'elle est prise en charge et engagée dans une performance orale. En se réalisant à travers la coalescence originelle de ses fonctions sémantique et syntaxique, il représente à lui seul autant le substrat ultime du discours que le discours lui-même conçu dans sa totalité; la cause sous-jacente du discours, un peu comme le « discours d'en-dessous »[1] qui rend possible le flot continu des récitations rhapsodiques est la cause des poèmes épiques, aussi bien que l'effet de la signification d'ensemble de ce discours.

Que l'on considère le poème de Parménide comme l'acte fondateur de l'ontologie occidentale ou comme le discours poétique d'un savant *kosmologue*, on convient généralement qu'il appartient à un mode d'expression de la poésie archaïque qu'on appelle didactique. Parménide, comme Empédocle, « écrivent pour enseigner », comme le dit J. Bollack[2]. Quels que soient ici le rôle et l'importance de l'écriture dans leurs œuvres, il ne faut pas oublier que ces deux savants ont com-

1. Voir Darbo-Peschanski 2011.
2. *Cf.* Bollack 1965, p. 8. Il parle aussi de « persuasion » et n'hésite pas à employer le terme de « sophiste » pour circonscrire le personnage d'Empédocle.

posé leurs poèmes à l'intention d'un cercle de destinataires précis assistant, d'une manière ou d'une autre, à un type de performance orale. Dès lors, en tout cas pour Parménide, l'enseignement dont il s'agit est bien plus l'*instauration* d'un savoir que la *transmission* d'une tradition. Il s'agit moins d'enseigner que d'imposer sa parole comme une parole d'autorité, nécessairement vraie dès l'instant qu'elle aura emporté l'adhésion. Or il semble que cette préoccupation soit relativement récurrente, à l'époque archaïque, et commune, en particulier, aux discours savants. M.-L. Desclos montre bien, notamment, à travers trois extraits de la *Collection hippocratique* (B12, 13 et 14), que c'est là très clairement l'objectif primordial du praticien de la médecine ancienne et qu'un système énonciatif sous-jacent structure son discours jusque dans le lexique et les images qu'il utilise. Les traités hippocratiques, comme déjà manifestement le poème de Parménide, et comme aussi les enquêtes d'Hérodote, semblent en effet s'inscrire dans une veine de discours, qui cherchent à s'affirmer comme discours de savoir, tant par rapport aux autres discours que directement auprès de leur auditoire, et qui pour ce faire exploitent une stratégie d'énonciation particulière. Cette énonciation, qui repose, de façon plus ou moins marquée selon les cas, sur des procédés parénétiques et un réseau lexical dénotant une représentation guerrière de la réalité, remonte vraisemblablement, plus ou moins indirectement, à celle qui se met en place, au VIIe siècle, dans la diction de l'élégie guerrière[1].

---

1. « Il ne sert à rien d'avoir raison si on est le seul à le savoir, il ne sert à rien de dire ce que l'auditoire n'est pas susceptible de croire, il ne sert à rien de faire ce qui ne correspond pas aux attentes du public. » Ainsi se définit la méthode hippocratique dans le triple aspect de sa publicité. *Cf.* Desclos 2012a, n. 46 au texte B13. Le rapprochement proposé entre cette méthode et les *Histoires* I, 27

En « sur-rythmant » la définition de sa « sphère » sur le mode élégiaque, Parménide s'inscrit, vraisemblablement le premier, dans ce vaste courant de littérature parénétique. Son coup de force n'est pas ontologique, il est énonciatif. Ce qui pourrait suffire, à soi seul, à expliquer l'aura qu'il a pu avoir d'emblée auprès de ses contemporains. Si son poème n'est pas une de ces « cosmo-gono-phtories » qui, bien que narrativement très différentes des théogonies anciennes ou hésiodiques, finissent toujours par se rattacher à un « schéma génétique et transformationnel, en vertu duquel le monde n'a pas toujours été et n'est pas non plus destiné à persister », c'est que sa *kosmologie* n'est pas un objet de « physique », mais un objet de discours[1]. Elle décrit un « ordonnancement » virtuel, né de l'organisation même de la parole poétique, et non un « univers ». Si le terme κόσμος, dans ce type d'emploi, a pu être immédiatement interprété comme dénomination de l'ensemble du « monde », ce n'est pas, semble-t-il, le rôle premier que lui a donné Parménide. C'est d'ailleurs ce que Platon avait dû percevoir, lui qui déclare explicitement sa propre cosmologie née des discours prononcés par Timée[2].

Dans l'état de langue que nous avons mis en évidence, le poème de Parménide n'a pas de valeur philosophique en soi.

---

et I, 29-33, révèle une certaine communauté de pensée entre les savants lettrés désireux de communiquer leur savoir. En ce qui concerne les images guerrières utilisée par le locuteur pour définir sa propre parole, voir encore Desclos 2012a, n. 6 au texte A1b.

1. Pour les citations, voir Laks 2004, p. 4. J. Mansfeld (2000, p. 343), pour réagir contre la dérive des études récentes qui, en cherchant à replacer la notion de « mythe » dans son contexte indigène, tendent à effacer les différences essentielles entre les « mythes » cosmogoniques anciens et les cosmologies des « premiers philosophes », rappelle notamment que ces dernières se distinguent toujours par leur expression méthodique et démonstrative.

2. Voir Platon, *Critias* 106 a 4.

Ce qui ne veut pas dire que ce ne soit pas le cas pour ceux qui l'ont entendu et l'entendent, ou le lisent, dans un autre état de langue donné. La signification du discours poétique et savant tel que Parménide l'a conçue, à l'image de la « sphère » définie dans le fragment 8, est faite pour être toujours vraie, pour ainsi dire, dans tous les sens des termes et sous toutes les formes des termes. « Les hommes ne trouvent pas la vérité, ils la font », pour reprendre l'expression de P. Veyne[1], et ils la font chacun à leur époque dans un état de langue donné. Dans l'état linguistique et poétique sous-jacent qui définit le poème, ce qui compte manifestement c'est l'instauration d'un savoir grâce à une parole d'autorité, infailliblement efficace à chacune de ses prises en charge orales par un locuteur donné. Mais seul en est capable un discours parénétique qui n'en reste pas aux « sursignes » (ἐπίσημα) que sont les noms dont il est composé.

L'élaboration du verbe *être* parménidien apparaît finalement comme la stratégie discursive et énonciative d'un savant *kosmologue* cherchant à rendre tout-puissant son discours. Puisque, dans le poème, tout *logos* est *logos* de l'*être*, parce que le verbe *être* n'est rien autre que le *logos*, cet objectif est atteint : le *logos* parménidien, d'une certaine façon, est un piège[2]. De cette sorte, notre poète-savant se révèle peut-être davantage « sophiste », au sens strict et neutre d'« expert en discours », que « physicien "présocratique" ». Aussi, le rapport exclusif qu'il semble prôner entre l'être et la pensée n'est-il sans doute pas une « naïveté » à prendre au premier degré, et Gorgias, dans son traité *Du non-étant* dont on a pu croire qu'il

1. Veyne 1983, p. 12.
2. La notion de « tromperie » (ἀπάτη) apparaît une fois, sous forme adjectivale, dans le poème de Parménide, en 8, 52. On sait que c'est la caractéristique essentielle de tout discours de persuasion, qu'il soit « philosophique » ou « sophistique ».

réfute ce point du poème, en particulier[1], est-il peut-être au contraire un héritier direct de Parménide. En effet, celui-ci formule explicitement ce que son aîné laisse entendre : quel que soit le sens dans lequel on le prenne, le discours que je profère est toujours forcément vrai. En parfait technicien de la langue, Gorgias construit, dans son traité, la même suprématie du discours que Parménide dans son poème, mais à la forme négative, en empruntant, en quelque sorte, la voie du non-être : « rien n'est ». Il n'est pas anodin que l'emploi du terme λόγος, comme dénomination de la parole poétique, apparaisse juste avant le développement sur l'*être*, chez Parménide, alors que celle-ci clôt le développement des trois arguments sur le *non-être*, dans le traité gorgien. Dans une culture de tradition orale, l'immarcescibilité[2] n'est jamais que celle du *discours*. Platon, aussi, pourrait avoir retenu la leçon parménidienne, si l'on admet que lorsqu'il prétend commettre un parricide ce n'est peut-être que pour mieux affirmer la paternité du poète-savant. La continuité du Tout que constitue le *kosmos* du *Timée* reposerait ainsi sur la continuité du flot du discours entre chacun des dialogues platoniciens[3].

---

1. À propos des différentes interprétations dont a pu faire l'objet ce traité de Gorgias, et en ce qui concerne plus précisément la question du modèle qu'il imite et de la cible qu'il attaque, voir Desclos 2006a, p. 55, n. 2. La voie d'interprétation philosophique qu'on retient le plus souvent est celle d'un « Gorgias critique de Parménide », pour reprendre le titre de l'article de B. Cassin paru en 1985. Pour l'opposition de Gorgias avec la thèse « éléatique » de l'*être*, voir encore Cassin 1998, p. 11, Stevens 2006, p. 35, laquelle va jusqu'à déclarer que Gorgias aurait « manqué la cible (du poème de Parménide) en prenant l'être au sens ordinaire » du terme, et Curd 2006.

2. Tout comme le κλέος ἄφθιτον des héros de la poésie épique. Cf. *Il.* 9, 413.

3. Sur la continuité d'une parole toujours relayée dans, et entre, les dialogues de Platon, voir Desclos 2001 et 2006b.

PARMÉNIDE

FRAGMENTS
Texte et traduction

Comme l'avertissement initial l'a signalé, il ne s'agit, ici, en aucun cas de proposer une nouvelle édition critique du poème de Parménide. Je me contente, comme je l'ai précisé dans la note 2, page 17 du commentaire, de reproduire le texte de la dernière édition Diels-Kranz. Aussi souvent, cependant, que je m'en écarterai, je m'en expliquerai dans les notes, au bas du texte grec. Ces notes pouvant aussi, à l'occasion, renvoyer à des passages du commentaire. Étant donné que celles-ci n'entendent nullement constituer un apparat critique digne de ce nom, il eût été mal à propos d'indiquer la liste des sources anciennes. Qu'on me permette, en ce qui les concerne, de renvoyer de manière générale aux différentes éditions critiques de Parménide (celle d'A. H. Coxon, revue et augmentée par R. D. McKirahan [2009], en donne notamment la liste p. 1-2), ainsi qu'à la présentation claire qu'en fait B. Cassin (1998, p. 70-117). Pour les problèmes que posent la tradition et l'établissement du texte, voir en particulier Cordero 1987 et 1997, O'Brien 1987b, ou encore Coxon, McKirahan 2009, qui offre un des aperçus les plus complets des *testimonia* et de la tradition manuscrite. Pour quelques indications, parfois complémentaires aux notes critiques de H. Diels et W. Kranz, voir également Lami 2005, qui en reprend le texte.

FRAGMENT 1 DK[1]

1 ἵπποι ταί με φέρουσιν ὅσον τ᾽ ἐπὶ θυμὸς ἱκάνοι,
πέμπον, ἐπεί μ᾽ ἐς ὁδὸν βῆσαν πολύφημον ἄγουσαι
δαίμονος, ἣ κατὰ <πάντ(α) …>, φέρει εἰδότα φῶτα·[2]
τῇ φερόμην· τῇ γάρ με πολύφραστοι φέρον ἵπποι

1. Il convient de rappeler immédiatement ce dont j'ai parlé dans mon introduction, p. 17, à savoir que je n'écris jamais les occurrences de la 3ᵉS du verbe *être* que sous leur forme enclitique, c'est-à-dire non marquée donc inaccentuée sur l'initiale. Ce qui m'a contrainte, parfois, à oser contrevenir aux règles de l'accentuation habituelle de cette forme verbale si particulière, dont l'initiale se trouve de fait souvent accentuée, indépendamment de tout effet sémantique. Sachant que l'accent des formes verbales enclitiques n'a « rien de commun avec un "accent d'enclise" », sachant aussi que, pour la forme de 3ᵉS du verbe *être*, ἐστι, « les usages sont compliqués et toujours flottants » (*cf.* Lejeune 1945, p. 47-48, § 51, et en particulier n. 1, p. 47), j'ai pris la liberté, quand la prosodie l'exigeait, de n'accentuer ἐστι que sur la finale, comme pour les autres formes verbales enclitiques telles qu'εἰμι ou φημι, et comme cela se produit naturellement pour ἐστι lui-même dans le fragment 3, et au v. 3 du fragment 9. Ont ainsi été modifiées 9 occurrences : en 2, 3 où ἐστι se trouve une fois après ὅπως et une fois après οὐκ ; en 2, 5 où il suit un οὐκ ; en 6, 1 où il est placé en début de proposition ; en 6, 2 où il apparaît encore une fois après οὐκ ; en 8, 2 où il vient à la suite de la conjonction ὡς ; en 8,16 où il est d'abord en début de proposition et tout de suite après, précédé de οὐκ ; et, en 8, 34 où j'ai ajouté un accent d'enclise sur οὕνεκεν qui le précède. Enfin, je n'ai pas considéré les débuts de vers comme des débuts de proposition.

2. *Cf.* n. 1, p. 126 : Je reproduis ici le texte de Diels-Kranz, mais en conservant la leçon δαίμονος des manuscrits au lieu de δαίμονες, et en retenant du passage conjecturé, entre crochets, pour lequel de nombreuses variantes existent, le seul neutre pluriel πάντ(α), élidé ou non, qui semble le plus constant dans les manuscrits de Sextus.

FRAGMENT 1 DK [1]

Les juments qui me portent, aussi loin que mon élan[2] peut   1
atteindre,

M'accompagnent, car elles m'ont conduit sur le chemin[3]
aux multiples paroles

De la divinité, chemin qui porte le mortel prédisposé en
\<tout …\>[4] ;

C'est par lui que j'étais porté ; car, par lui, me portaient les
juments aux multiples indices[5]

1. Cette traduction nouvelle, n'a de sens que par rapport au commentaire qui précède. Si quelques notes y renvoient, celles-ci ne sauraient suffire à la justifier dans son ensemble.

2. Traduire θυμός par « élan » est assez inhabituel, mais il faut moins l'entendre dans son sens propre de nom d'action du verbe « s'élancer » qu'au sens figuré d'« ardeur inspirée par l'enthousiasme ». Par l'exemple, notamment, que donne P.-É. Littré (*Dictionnaire de la langue française*, s. v. « élan », sens 3) « ce jeune homme a de l'élan, c'est-à-dire il a un cœur disposé à l'enthousiasme », le nom « élan » me semble contenir en lui tout ce qu'exprime un bon nombre d'expressions homériques où le θυμός « pousse » (ἀνώγει, κελεύει) un héros à quelque action ou à quelque sentiment. Voir la n. 2, p. 126.

3. On verra que je ne me tiens pas forcément à ce terme pour traduire le nom féminin ὁδός. Compte tenu de la polysémie naturelle de la langue poétique archaïque, et de celle, en particulier, dont fait montre Parménide, cela ne me semble pas essentiel. Ce qui compte peut-être le plus est que derrière « chemin », « voie », ou encore « direction », il y a toujours un « sens ».

4. Pour l'interprétation énonciative de ces trois premiers vers, voir p. 125-128. À « prédisposé », on pourrait préférer « éclairé », comme C. Calame me l'a suggéré, qui renvoie davantage à l'idée de « savoir » et de « sagesse » qu'expriment le plus souvent les formes de parfait de la racine *weid-/*woid-.

5. Πολύφραστος est un adjectif composé à partir du verbe φράζω qui signifie fondamentalement « faire comprendre, indiquer » aussi bien au moyen de la parole qu'au moyen de signes (σήματα).

5 ἄρμα τιταίνουσαι, κοῦραι δ᾽ ὁδὸν ἡγεμόνευον.
   ἄξων δ᾽ ἐν χνοίησιν ἵει σύριγγος ἀυτήν
   αἰθόμενος, δοιοῖς γὰρ ἐπείγετο δινωτοῖσιν
   κύκλοις ἀμφοτέρωθεν, ὅτε σπερχοίατο πέμπειν
   Ἡλιάδες κοῦραι, προλιποῦσαι δώματα νυκτός,
10 εἰς φάος, ὠσάμεναι κράτων ἄπο χερσὶ καλύπτρας.
   ἔνθα πύλαι νυκτός τε καὶ ἤματός εἰσι κελεύθων,
   καί σφας ὑπέρθυρον ἀμφὶς ἔχει καὶ λάινος οὐδός·
   αὐταὶ δ᾽ αἰθέριαι πλῆνται μεγάλοισι θυρέτροις·
   τῶν δὲ Δίκη πολύποινος ἔχει κληῖδας ἀμοιβούς.
15 τὴν δὴ παρφάμεναι κοῦραι μαλακοῖσι λόγοισιν·
   πεῖσαν ἐπιφραδέως, ὥς σφιν βαλανωτὸν ὀχῆα
   ἀπτερέως ὤσειε πυλέων ἄπο· ταὶ δὲ θυρέτρων
   χάσμ᾽ ἀχανὲς ποίησαν ἀναπτάμεναι πολυχάλκους
   ἄξονας ἐν σύριγξιν ἀμοιβαδὸν εἰλίξασαι
20 γόμφοις καὶ περόνησιν ἀρηρότε· τῇ ῥα δι᾽ αὐτέων
   ἰθὺς ἔχον κοῦραι κατ᾽ ἀμαξιτὸν ἄρμα καὶ ἵππους.
   καί με θεὰ πρόφρων ὑπεδέξατο, χεῖρα δὲ χειρί

Tirant le char, tandis que les jeunes filles montraient le   5
chemin.

L'axe, dans les moyeux, lançait un cri de flûte

Brûlant qu'il était, pressé par le double arrondi

Des cercles de chaque côté, chaque fois qu'elles forçaient
l'allure

Les jeunes Héliades, qui ont abandonné le palais de la nuit,

Pour la lumière, et qui, des mains, ont repoussé leurs voiles   10
loin de leur tête.

Là, des routes du jour et de la nuit, sont les portes,

Tant le linteau que le seuil de pierre, d'un bout à l'autre les
retiennent ;

Celles-ci, bien que d'éther, sont comblées par de grands
battants ;

Et c'est la Justice aux mille compensations qui détient les
clés de leur échange.

Alors les jeunes filles, par voix insidieuse, et par   15
doucereux discours,

La persuadèrent avec application, afin que pour elles, la
barre verrouillée,

Elle la retire des portes à tire d'ailes ; celles-ci rendirent

Immense le vide des battants, une fois envolées et après
avoir fait tourner

Alternativement dans leur écrou les gonds riches en airain,

Tous deux bien ajustés par des chevilles et des pointes ;   20
aussi, en traversant ces portes,

Les jeunes filles tenaient-elles tout droit sur la grand voie
le char et les juments.

Pour moi, la déesse m'accueillit avec toute-bienveillance,
ma main droite

δεξιτερὴν ἕλεν, ὧδε δ' ἔπος φάτο καί με προσηύδα·
ὦ κοῦρ' ἀθανάτοισι συνάορος ἡνιόχοισιν,
25 ἵπποις ταί σε φέρουσιν ἱκάνων ἡμέτερον δῶ,
χαῖρ', ἐπεὶ οὔτι σε μοῖρα κακὴ προὔπεμπε νέεσθαι
τήνδ' ὁδόν, ἦ γὰρ ἀπ' ἀνθρώπων ἐκτὸς πάτου ἐστίν,
ἀλλὰ θέμις τε δίκη τε. χρεὼ δέ σε πάντα πυθέσθαι
ἠμὲν ἀληθείης εὐκυκλέος [1] ἀτρεμὲς ἦτορ
30 ἠδὲ βροτῶν δόξας, ταῖς οὐκ ἔνι πίστις ἀληθής.
ἀλλ' ἔμπης καὶ ταῦτα μαθήσεαι, ὡς τὰ δοκοῦντα

---

1. Je garde ici la leçon de Simplicius, retenue dans l'édition Diels-Kranz, et qui, bien qu'A. H. Coxon la considère comme une erreur (2009, p. 6 et 55), entre en correspondance avec la description de la « sphère », en 8, 43. Voir, page d'à côté, la note correspondant à ma traduction. B. Cassin préfère la leçon de Sextus, Plutarque, Clément et Diogène Laërce, εὐπειθέος, « bien persuasive ». *Cf.* Cassin 1998, p. 73, et la note correspondante. On trouve également, chez Proclus, εὐφεγγέος, « tout-brillant ».

De sa main elle me prit, et proféra ces mots en s'adressant à moi[1] :

Jeune homme, compagnon d'immortelles cochères,

Toi qui, sur les juments qui te portent, es parvenu jusqu'en   25
notre demeure,

Réjouis-toi, car ce n'est point un mauvais destin qui t'a poussé à t'en aller

Par ce chemin, car, si en vérité il est bien à l'écart des sentiers battus par les hommes,

Il est et la règle et l'usage[2]. Il te faut t'instruire de tout,

Et du cœur sans tremblement, de la vérité bien ronde[3],

Et des opinions des mortels, au dedans desquelles il n'est   30
nulle certitude vraie.

Mais tu apprendras aussi, toutefois, que les choses qui nous apparaissent,

1. La voix de la déesse, qui se fait entendre ici pour la première fois, est l'une des clés de la stratégie d'énonciation que Parménide met en place dans son poème. *Cf.* p. 129-131.

2. Voir les notes correspondant à ces deux mots dans la traduction du fragment 8, v. 14 et v. 32.

3. C'est bien ainsi que la « sphère » nous décrit le fonctionnement de la signification globale du poème. *Cf.* p. 112-123.

χρῆν δοκίμως εἶναι διὰ παντὸς πάντα περῶντα.

FRAGMENT 2 DK

1 εἰ δ' ἄγ' ἐγὼν ἐρέω, κόμισαι δὲ σὺ μῦθον ἀκούσας,
αἵπερ ὁδοὶ μοῦναι διζήσιός εἰσι νοῆσαι·
ἡ μὲν ὅπως ἐστίν τε καὶ ὡς οὐκ ἐστὶ μὴ εἶναι,
πειθοῦς ἐστι κέλευθος ἀληθείη γὰρ ὀπηδεῖ,

Il fallait nécessairement que comme la touche[1] elles *soient*, d'un bout à l'autre du tout, étant donné qu'elles pénètrent toutes choses.[2]

FRAGMENT 2 DK

Allons, moi, je dirai mais, toi, accueille en toi ma parole, en écoutant[3]   1

Quelles seules voies de recherche sont pour penser :

L'une, c'est « est », tout en sachant[4] que « n'est pas » n'est point[5],

Car « est », chemin de persuasion, accompagne la vérité,

---

1. Au sens de « pierre de touche », dont le sens propre – la cornéenne lydienne qui permet d'éprouver l'or et d'en révéler le titre – a donné le sens figuré de « tout ce qui sert d'épreuve ». Or, c'est bien l'« épreuve » et la « preuve » qui sont au cœur de la signification des mots de la famille de δόκιμος. Et en effet, de la même façon que l'impromptu, dans *Les précieuses ridicules*, est la pierre de touche de l'esprit, ou que chez d'Alembert des détails précis sont la pierre de touche de la vérité d'un système, dans le poème de Parménide, les apparences, aussi bien du monde que de la langue, sont comme la pierre de touche du verbe *être*. *Cf.* P.-É. Littré, *Dictionnaire de la langue française*, s. v. « touche », sens 2. Ταῦτα Καλλίστῃ ἀνέθεκα.

2. Si le fragment 1 annonce assez clairement, par la voix de la déesse, le développement de la première partie du poème sur le verbe *être*, ces deux derniers vers me semblent fondamentaux en ce qu'ils anticipent la possibilité même du discours *kosmologique* de la deuxième partie du poème, discours que seule permet l'élaboration si particulière d'un verbe *être* holosémantique et métamorphique. En ce sens, ces deux vers s'accorderaient assez avec le fragment 4 et le fragment 19.

3. Ce vers est fondamental pour comprendre le rapport que construit le poème de Parménide entre la 1reS et la 2eS. *Cf.* p. 135-138. Voir aussi, en ce sens, le vers 6, 2.

4. Pour rendre un peu plus élégant ce que j'entends comme « et aussi à savoir ».

5. Pour ce vers, que je n'explique pas en détail, voir p. 36, 40 et 49.

5 ἡ δ' ὡς οὐκ ἔστίν τε καὶ ὡς χρεών ἐστι μὴ εἶναι,
τὴν δή τοι φράζω παναπευθέα ἔμμεν ἀταρπόν·
οὔτε γὰρ ἂν γνοίης τό γε μὴ ἐὸν οὐ γὰρ ἀνυστόν
οὔτε φράσαις.

FRAGMENT 3 DK

τὸ γὰρ αὐτὸ νοεῖν ἐστίν τε καὶ εἶναι.

FRAGMENT 4 DK

λεῦσσε δ' ὅμως[1] ἀπεόντα νόῳ παρεόντα βεβαίως·
οὐ γὰρ ἀποτμήξει τὸ ἐὸν τοῦ ἐόντος ἔχεσθαι
οὔτε σκιδνάμενον πάντῃ πάντως κατὰ κόσμον
οὔτε συνιστάμενον.

1. Il pourrait être tentant de retenir la leçon ὁμῶς de Théodoret, comme le fait J. Bollack (2006, p. 306), mais cela ne me semble pas changer fondamentalement le sens.

L'autre, c'est « n'est pas », tout en sachant que [5] nécessairement « est » n'est point[1],

Gare à celle-ci, je t'indique qu'elle est un sentier étroit où règne en tout l'ignorance[2]

Car tu ne saurais ni connaître ce qui vraiment n'est pas, ce serait n'y point atteindre,

Ni l'indiquer

FRAGMENT 3 DK[3]

car cela même, penser, c'est aussi être[4]

FRAGMENT 4 DK

Regarde cependant ce qui n'est pas là comme étant fermement là en la pensée ;

Car tu ne sépareras pas ce qui est pour le tenir à l'écart de ce qui est[5]

Qu'il soit tout entier partout dispersé de par l'*ordonnancement* général[6]

Ou qu'il soit tout rassemblé[7]

---

1. Ce qui pourrait vouloir dire qu'il est absurde de croire que la négation syntaxique puisse altérer ἐστι en quoi que ce soit.

2. Pour laisser en latence aussi bien le sens passif que le sens actif de l'adjectif παναπευθής.

3. J'évoque ce fragment dans la n. 1, p. 39.

4. L'infinitif νοεῖν, inséré entre les deux césures de l'hexamètre, la trochaïque et l'hephthémimère, me semble tendre, en effet, vers l'un et l'autre hémistiche du vers.

5. *Cf.* p. 34, 38, 114.

6. « Général » ou « linguistique ». *Cf.* notamment, p. 111-112 et 114, 134, 144.

7. On pourrait peut-être voir, dans ces deux derniers vers, d'une part ce que j'ai appelé le métamorphisme du verbe *être*, d'autre part, son holosémantisme.

FRAGMENT 5 DK

<... > ξυνὸν δὲ μοί ἐστιν,
ὁππόθεν ἄρξωμαι· τόθι γὰρ πάλιν ἵξομαι αὖθις.

FRAGMENT 6 DK[1]

1 χρὴ τὸ λέγειν τὸ[2] νοεῖν τ' ἐὸν ἔμμεναι· ἐστὶ γὰρ εἶναι,
μηδὲν δ' οὐκ ἐστίν· τά γ' ἐγὼ[3] φράζεσθαι ἄνωγα.
πρώτης γάρ σ' ἀφ' ὁδοῦ ταύτης διζήσιος <...>[4],
αὐτὰρ ἔπειτ' ἀπὸ τῆς, ἣν δὴ βροτοὶ εἰδότες οὐδὲν

---

1. Pour les problèmes que posent ce fragment, tant d'établissement du texte que d'interprétation, je me contenterai de signaler deux articles particulièrement éclairants, celui de H. Kurzova 2006 (voir notamment la n. 1, p. 74-75 de mon commentaire), et celui de G. Journée 2010.

2. La plupart des éditions récentes restituent la leçon des manuscrits. L'édition Diels-Kranz retient la correction de Karsten par τε.

3. Je préfère, ici, la leçon de Simplicius, à la correction en τά σ' ἐγὼ de l'édition Diels-Kranz.

4. Les manuscrits ont un vide, que l'édition Diels-Kranz comble par εἴργω, « j'écarte ».

FRAGMENT 5 DK

(ce qui est) commun est en moi,
Par où que je commence, car c'est là que je reviendrai de
nouveau[1].

FRAGMENT 6 DK

Il faut le dire, il faut le penser[2], ce qui est *est résolument*   1
là[3]; car « est » c'est « être »,
Alors que « n'est pas » n'est rien; voilà, moi, ce que
j'exhorte à méditer[4].
Car tout d'abord[5], de cette voie-là de recherche <il faut
que>[6] tu <…>,
Et puis ensuite, de celle que les mortels, en rien
prédisposés[7],

1. Ce fragment, et donc sa traduction, sont expliqués p. 80-92. Pour les problèmes d'interprétation qu'il pose, voir p. 80, n. 1. Plus particulièrement, μοί, « moi », est traité p. 80-83, ἐστι, comme *lieu* du discours, p. 89-91, ἄρξομαι, « je commence », p. 85-86, le jeu des adverbes, p. 88-90. Pour, ξυνός, « commun », voir plus loin, p. 133-134 et 161.

2. L'asyndète, soulignée par une césure secondaire au troisième pied, et la répétition de τό, me semblent initier d'emblée la tonalité parénétique déclarée de ce fragment.

3. Je traduis ainsi l'infinitif ἔμμεναι pour rendre compte de l'inclusion, en sa structure morphologique et phonique, d'une forme possible du verbe μένω, « rester ferme ». Pour la forme ἔμμεναι, voir n. 1, p. 35, pour μένω, p. 66.

4. *Cf.* p. 137.

5. Il ne m'a pas semblé impossible d'interpréter πρώτης comme un génitif ablatif adverbial. Ce qui ne s'accorder pas mal avec le début du vers suivant, αὐτὰρ ἔπειτα.

6. Conjecture inspirée de χρῆν, « il faut », et d'ἄνωγα, « j'exhorte ».

7. Au lieu de « qui ne savent rien », pour faire écho à la traduction que j'ai donnée en 1, 3. Pour une autre interprétation de l'expression d'εἰδότες οὐδέν, voir Torgerson 2006, p. 29 et 37-38 (*cf.* n. 2, p. 127-128).

5 πλάττονται, δίκρανοι· ἀμηχανίη γὰρ ἐν αὐτῶν
   στήθεσιν ἰθύνει πλακτὸν νόον· οἱ δὲ φοροῦνται
   κωφοὶ ὁμῶς τυφλοί τε, τεθηπότες, ἄκριτα φῦλα,
   οἷς τὸ **πέλειν** τε καὶ οὐκ εἶναι ταὐτὸν νενόμισται
   κοὐ ταὐτόν, πάντων δὲ παλίντροπός ἐστι κέλευθος.

Façonnent, en double-têtes qu'ils sont; car l'incapacité, 5
droit en leur

Poitrine, dirige leur pensée errante; et ils se laissent
emporter,

Sourds autant qu'aveugles, proies de la stupeur, foule
indécise,

Eux par lesquels cette[1] habitude s'est ancrée[2] qu'« être »[3]
et « n'être pas » sont la même chose

Et ne sont pas la même chose[4], alors que de tout, le chemin
est un va-et-vient[5].

---

1. Certes un peu superfétatoire, mais pour rendre compte de la valeur
« présentative » de τό, qui n'est vraisemblablement pas un article ici. *Cf.* p. 39.

2. J'ai choisi cette formule pour souligner et l'aspect perfectif et la forme
au passif du verbe νομίζω, « avoir en usage ».

3. Pour le sens du verbe πέλομαι et son rapport au verbe *être* dans le
poème, voir le paragraphe « Absorption morphologico-sémantique de πέλω »,
p. 59-69. Pour l'argument métrique, voir n. 2, p. 61-62. Les quatre autres occurrences de ce synonyme se trouvent aux vers 11, 18, 19 et 45 du fragment 8. On
voit ici, en ce qui est peut-être sa première apparition dans le poème, qu'il est
sciemment employé comme un synonyme du verbe *être*, bien connu des
usagers de la langue. *Cf.* p. 63-64.

4. Ces vers 6, 8-9 sont vraisemblablement à rapprocher des vers 8, 39-41.

5. On pourrait aller jusqu'à traduire par « alors que de tout, "est" est le
chemin *boustrophédon* ».

FRAGMENT 7 DK

1 οὐ γὰρ μήποτε τοῦτο δαμῇ εἶναι μὴ ἐόντα·
   ἀλλὰ σὺ τῆσδ᾽ ἀφ᾽ ὁδοῦ διζήσιος εἶργε νόημα
   μηδέ σ᾽ ἔθος πολύπειρον ὁδὸν κατὰ τήνδε βιάσθω,
   νωμᾶν ἄσκοπον ὄμμα καὶ ἠχήεσσαν ἀκουήν
5 καὶ γλῶσσαν, κρῖναι δὲ λόγῳ πολύδηριν ἔλεγχον
   ἐξ ἐμέθεν ῥηθέντα.

FRAGMENT 7 DK

Car non! *voilà* qui ne doit jamais être dompté, que les   1
choses qui ne sont pas *soient!*[1]

Va donc, toi! De cette voie que *voici*, tiens ta pensée à
distance[2],

De peur que l'habitude, qui a longue expérience, ne
t'entraîne de force, le long de cette voie-*ci*,

À ne gouverner qu'un œil vide, et pleines de bruits, qu'une
ouïe

Et qu'une langue; juge au contraire, en mon discours, la   5
preuve aux multiples combats,

À partir de mes mots[3]

---

1. Puisque δαμῇ est manifestement une forme de subjonctif aoriste à la
3ᵉS, la négation en μή- qui la précède a de fortes chances de nous indiquer,
ici, une valeur impérative, valeur d'autant plus nette, nous dit P. Chantraine,
« lorsqu'[un tel subjonctif] se trouve employé au voisinage d'une formule du
type ἀλλ' ἄγε », dont ἀλλά, au début du vers suivant, n'est précisément qu'une
forme réduite. Cette « valeur impérative » que peut prendre le subjonctif,
lorsqu'elle est niée, exprime moins une défense au sens strict qu'elle ne sert
à « écarter une idée ou une image ». *Cf.* Chantraine 1963, t. 2, § 306-307,
p. 207-208. Par rapport à ce système au subjonctif, on comprendra que j'interprète οὐ γάρ comme une sorte de « hors-phrase », faisant appel à l'attention du
destinataire. Je signale, enfin, que je mettrais volontiers ce vers en parallèle
avec le vers 5 du fragment 2.

2. Si je choisis d'insister sur l'idée de « distance » exprimée par le verbe
εἴργω, c'est pour mettre en exergue le jeu entre les démonstratifs τοῦτο au vers
1 et τῆσδε / τήνδε aux vers 2 et 3, que j'ai rendus respectivement par *voilà* et
voici, et qui sont peut-être pour signaler à l'auditeur deux voies d'interprétation
possible de l'énoncé du vers 1, « l'habitude », ou les « mots » du poète.

3. Pour les deux derniers vers, voir p. 116.

FRAGMENT 8 DK[1]

μόνος δ' ἔτι μῦθος ὁδοῖο

λείπεται ὡς ἔστιν· ταύτῃ δ' ἐπὶ σήματ' ἔασι
πολλὰ μάλ', ὡς ἀγένητον ἐὸν καὶ **ἀνώλεθρόν ἐστιν**,
οὖλον μουνογενές[2] τε καὶ ἀτρεμὲς **ἠδ' ἀτέλεστον**[3]·
5 οὐδέ ποτ' ἦν οὐδ' ἔσται, ἐπεὶ νῦν ἐστιν ὁμοῦ πᾶν,
ἕν, συνεχές· τίνα γὰρ γένναν διζήσεαι αὐτοῦ;
πῇ πόθεν αὐξηθέν; οὐδ' ἐκ μὴ ἐόντος ἐάσω
φάσθαι σ' οὐδὲ νοεῖν· οὐ γὰρ φατὸν οὐδὲ νοητόν
ἐστιν ὅπως οὐκ ἔστι. τί δ' ἄν μιν καὶ χρέος ὦρσεν
10 ὕστερον ἢ πρόσθεν, τοῦ μηδενὸς ἀρξάμενον, φῦν;
οὕτως ἢ πάμπαν **πελέναι**[4] χρεών ἐστιν ἢ οὐχί.
οὐδέ ποτ' ἐκ μὴ ἐόντος ἐφήσει πίστιος ἰσχύς
γίγνεσθαί τι παρ' αὐτό· τοῦ εἴνεκεν οὔτε γενέσθαι

---

1. Dans ce fragment, qui fait l'objet majeur de mon commentaire, on trouvera soulignés, et/ou mis en gras, les occurrences du verbe πέλω et les expressions qui en sous-tendent la structure (voir le schéma p. 99).

2. Je reproduis, la n. 1, p. 71 du commentaire. Les manuscrits offrent de multiples variantes pour ce vers, en particulier dans sa première partie. Je reprends ici la leçon la plus souvent retenue désormais, et qui est celle de Clément, Simplicius, Théodoret 102 et Philopon. Cf. notamment B. Cassin (1998, p. 84), mais également J. Bollack (2006, p. 142) et Coxon-McKirahan (2009, p. 65). La leçon que présente l'édition Diels-Kranz, ἐστι γὰρ οὐλομελές, a la faiblesse de reposer sur une nécessaire correction du vers.

3. Je conserve ici, comme c'est le cas dans les éditions Diels-Kranz et Coxon-McKirahan, la leçon de Simplicius. Cf. DK, Parmenides, p. 235. Voir n. 1, p. 22 du commentaire. N. Cordero (1997, p. 26), corrige en ἠδὲ τελεστόν, B. Cassin (1998, p. 84) préfère οὐδ' ἀτέλεστον. Pour la circulation « boustrophédonique » de la signification entre ἀτέλεστον et τετελεσμένον, en passant par ἀτελεύτητον, voir p. 31-32, 69 et 75.

4. À propos des occurrences de ce verbe dans le fragment 8, je renverrai à la note le concernant en 6, 8.

FRAGMENT 8 DK

La parole est encore privée de sa voie[1],   1

Reste « est » ; sur celle-là des signes sont[2]

Fort nombreux, à savoir qu'étant non-né il est encore impérissable,

Entier, seul en son genre, et non vacillant, et aussi inachevé ;

Et il n'était pas et il ne sera pas, car il est maintenant[3], tout   5 ensemble[4],

Un, tout uni ; car quelle naissance lui chercheras-tu ?

Comment et d'où amplifié ? À partir de ce qui n'est pas, je ne te laisserai pas

Le dire ni le penser ; car il ne peut être dit ni pensé

Que « est » « n'est pas ». Quel serait le besoin qui l'aurait poussé

À se développer plus tard ou par avant, en commençant du   10 rien ?

Ainsi est-il nécessaire qu'il soit totalement ou pas du tout.

Et jamais non plus à partir de ce qui n'est pas la force de ma persuasion

Ne permettra que quelque chose advienne à part lui[5] ; pour cette raison,

---

1. Cette traduction est expliquée p. 72-73.

2. Pour la traduction de ce vers et sa structure en *boustrophédon*, voir p. 73-75. En ce qui concerne le traitement de la conjonction ὡς, voir n. 1, p. 74.

3. Pour νῦν comme « marque du présent linguistique », voir p. 27-28.

4. Sur cette liste des prédicats, du v. 3 au v. 6, et leur « négativité », voir p. 76-77.

5. C'est un des emplois possibles de la préposition παρά suivie de l'accusatif. *Cf.* Aristophane, *Nuées* 698, οὐκ ἔστι παρὰ ταῦτ' ἄλλα, « excepté celles-là il n'y en a pas d'autres ». Si le verbe *être* « advient », ce n'est jamais qu'en lui-même, à partir de lui-même, dans le « devenir immobile » du présent linguistique de la performance, et non dans le devenir chronologique dont il semble être question dans les vers 19-21.

οὔτ᾽ ὄλλυσθαι ἀνῆκε δίκη χαλάσασα πέδησιν,
15 ἀλλ᾽ ἔχει· ἡ δὲ κρίσις περὶ τούτων ἐν τῷδ᾽ ἐστίν·
ἔστιν ἢ οὐκ ἔστιν· κέκριται δ᾽ οὖν, ὥσπερ ἀνάγκη,
τὴν μὲν ἐᾶν ἀνόητον ἀνώνυμον, οὐ γὰρ ἀληθής
ἐστιν ὁδός, τὴν δ᾽ ὥστε πέλειν καὶ ἐτήτυμον εἶναι.
πῶς δ᾽ ἂν ἔπειτα πέλοιτο ἐόν¹; πῶς δ᾽ ἄν κε γένοιτο;
20 εἰ γὰρ ἔγεντ᾽, ᾽ οὐκ ἔστ᾽ οὐδ᾽ εἴ ποτε μέλλει ἔσεσθαι.
τὼς γένεσις μὲν ἀπέσβεσται καὶ ἄπυστος ὄλεθρος.
οὐδὲ διαιρετόν ἐστιν, ἐπεὶ πᾶν ἐστιν ὁμοῖον·
οὐδέ τι τῇ μᾶλλον, τό κεν εἴργοι μιν συνέχεσθαι,
οὐδέ τι χειρότερον, πᾶν δ᾽ ἔμπλεόν² ἐστιν ἐόντος.
25 τῷ ξυνεχὲς πᾶν ἐστιν· ἐὸν γὰρ ἐόντι πελάζει.
αὐτὰρ ἀκίνητον μεγάλων ἐν πείρασι δεσμῶν
ἐστιν ἄναρχον ἄπαυστον, ἐπεὶ γένεσις καὶ ὄλεθρος

1. Suivant les dernières éditions, je conserve la leçon πέλοιτο ἐόν des manuscrits de Simplicius, contre la forme ἀπόλοιτο que présente le texte de l'édition Diels-Kranz. On trouve parfois πέλοι τὸ ἐόν.

2. Ἔμπλεον est le premier des trois mots, avec πελάζει au vers suivant et ἔμπεδον au vers 30, à jouer un rôle dans l'absorption de πέλω par le verbe *être*. *Cf.* p. 64-66.

La règle d'usage[1], sans le laisser ni advenir ni périr, en relâchant ses liens,

Le tient ferme ; le point crucial à ce sujet est en ceci :   15

« Est » ou « n'est pas » ; il est donc décidé, comme c'est nécessaire,

Que l'une soit laissée impensée et innommée, entendu que n'est pas vraie

Cette voie, et que l'autre, de cette sorte, soit et soit véritablement.

Comment, étant, pourrait-il être par après[2] ? Comment serait-il advenu ?

Car s'il est advenu, il n'est pas, pas plus que s'il doit être un   20 jour.

Ainsi sa génération s'est évanouie et inouïe est sa perdition.

Il n'est pas non plus divisé puisqu'il est tout entier le même ;

Par quoi, il n'est rien de plus, ce qui l'empêcherait de se conglomérer,

Ni de moins non plus, et il est tout entier plein de ce qui est.

Ainsi est-il tout entier uniforme ; car « étant » touche à   25 « étant »[3].

Alors, immuable dans les limites de vastes liens,

Il est sans commencement, sans cessation, car génération et déperdition

---

1. Plutôt que la divine Δίκη, j'ai voulu mettre en évidence, ici, ce sens premier dont découle celui de « justice », une justice, par ailleurs, « vue sous un aspect surtout humain ». Cf. *DELG*, s. v. δίκη, p. 271.

2. Voir p. 62-63. La forme d'optatif du verbe πέλω est parfaitement cohérente avec ce que révèlent les autres formes, toutes à l'infinitif.

3. Ou encore, « car *étant* touche à *ils sont* », c'est-à-dire « car le participe *étant* touche à une forme plurielle *ils sont* ». Cette expression, que j'interprète « autonymiquement », trouve son explication, p. 94-96. J'y rends compte, également, de l'importance du datif ἐόντι.

τῆλε μάλ᾽ ἐπλάχθησαν, ἀπῶσε δὲ πίστις ἀληθής.
ταὐτόν τ᾽ ἐν ταὐτῷ τε μένον καθ᾽ ἑαυτό τε κεῖται
30 χοὕτως ἔμπεδον αὖθι μένει· κρατερὴ γὰρ ἀνάγκη
πείρατος ἐν δεσμοῖσιν ἔχει, τό μιν ἀμφὶς ἐέργει,
οὕνεκεν **οὐκ ἀτελεύτητον** τὸ ἐὸν θέμις εἶναι·
ἐστι γὰρ οὐκ ἐπιδευές· μὴ ἐὸν δ᾽ ἂν παντὸς ἐδεῖτο.
ταὐτὸν δ᾽ ἐστί νοεῖν τε καὶ οὕνεκέν ἐστι νόημα
35 οὐ γὰρ ἄνευ τοῦ ἐόντος, ἐν ᾧ πεφατισμένον ἐστίν[1],
εὑρήσεις τὸ νοεῖν· οὐδὲν γὰρ <ἤ> ἐστιν ἢ ἔσται
ἄλλο πάρεξ τοῦ ἐόντος, ἐπεὶ τό γε μοῖρ᾽ ἐπέδησεν
οὖλον ἀκίνητόν τ᾽ ἔμεναι· τῷ πάντ᾽ ὄνομ᾽ ἔσται,
ὅσσα βροτοὶ κατέθεντο πεποιθότες εἶναι ἀληθῆ,
40 γίγνεσθαί τε καὶ ὄλλυσθαι, εἶναί τε καὶ οὐχί[2],
καὶ τόπον ἀλλάσσειν διά τε χρόα φανὸν ἀμείβειν.
αὐτὰρ ἐπεὶ πεῖρας πύματον, **τετελεσμένον ἐστί**
πάντοθεν, εὐκύκλου σφαίρης ἐναλίγκιον ὄγκῳ,

---

1. En ce qui concerne la rime sonore des trois formes de parfait ἐν ᾧ πεφατισμένον ἐστίν, τετελεσμένον ἐστί au vers 42 et ἐν ᾧ πεπλανημένοι εἰσίν au vers 54, et la structure qu'elles forment dans le fragment 8, voir p. 50 et 97-99.

2. Pour l'interprétation de la négation forte, οὐχί, voir Journée 2010, p. 398-400.

Ont été écartées bien loin, et elle les a repoussées la persuasion vraie.

Le même et restant dans le même, il se tient en lui-même

Et c'est ainsi qu'il reste là, bien enraciné; car une nécessité puissante   30

Le tient dans les liens de la limite qui le circonscrit,

Ce pourquoi c'est la règle qu'étant, il n'est pas inachevé[1];

Car il est sans manque, alors que n'étant pas, de tout il manquerait.

Or, penser est la même chose que la pensée que « est »,

Car, nullement, sans cet « étant » dans lequel il est proféré,   35

Tu ne parviendras pas à le penser[2]; nullement non plus, il n'est ni ne sera

Quelque autre chose hormis cet « étant », puisque le sort lui a attaché

Le fait d'être, continuellement et immuablement; ainsi ne sera que mot

Tout ce que les mortels ont posé, dans leur assurance que c'était vrai

Qu'advenir et disparaître, qu'être et n'être point,   40

Que changer de lieu et passer de la surface à l'éclat.

Alors puisque son point d'aboutissement est en ses extrémités, il est toujours déjà achevé

De toute part, semblable à la courbure d'une sphère[3] bien ronde

---

1. Pour la structure syntaxique de ce vers, commandée par le nom féminin θέμις, et pour son importance dans l'élaboration parménidienne d'un verbe *être* métamorphique et holosémantique, voir p. 55-56.

2. À propos du refus de voir dans τὸ νοεῖν, comme dans τὸ πέλειν, en 6, 8, des infinitifs articulaires, voir p. 38-39. Traduire le verbe εὑρίσκω, suivi d'un infinitif, par « parvenir à » ne me semble pas mal convenir à l'idée de « trouver » le procès verbal de l'infinitif concerné.

3. À propos de la définition de la « sphère », dans les vers 43 et 44, voir p. 109-114.

μεσσόθεν ἰσοπαλὲς πάντῃ· τὸ γὰρ οὔτε τι μεῖζον
45 οὔτε τι βαιότερον πελέναι χρεόν ἐστι τῇ ἢ τῇ.
οὔτε γὰρ οὐκ ἐὸν ἔστι, τό κεν παύοι μιν ἱκνεῖσθαι
εἰς ὁμόν, οὔτ᾽ ἐόν ἐστιν ὅπως εἴη κεν ἐόντος
τῇ μᾶλλον τῇ δ᾽ ἧσσον, ἐπεὶ πᾶν ἐστιν ἄσυλον·
οἷ γὰρ πάντοθεν ἶσον, ὁμῶς ἐν πείρασι κύρει.
50 ἐν τῷ σοι παύω πιστὸν λόγον ἠδὲ νόημα
ἀμφὶς ἀληθείης· δόξας δ᾽ ἀπὸ τοῦδε βροτείας
μάνθανε κόσμον ἐμῶν ἐπέων ἀπατηλὸν ἀκούων.
μορφὰς γὰρ κατέθεντο δύο γνώμας ὀνομάζειν,
τῶν μίαν οὐ χρεών ἐστιν, ἐν ᾧ πεπλανημένοι εἰσίν.
55 τἀντία δ᾽ ἐκρίναντο δέμας καὶ σήματ᾽ ἔθεντο
χωρὶς ἀπ᾽ ἀλλήλων, τῇ μὲν φλογὸς αἰθέριον πῦρ,
ἤπιον ὄν, μέγ᾽ ἐλαφρόν, ἑωυτῷ πάντοσε τωὐτόν,
τῷ δ᾽ ἑτέρῳ μὴ τωὐτόν· ἀτὰρ κἀκεῖνο κατ᾽ αὐτό
τἀντία νύκτ᾽ ἀδαῆ, πυκινὸν δέμας ἐμβριθές τε.

Du centre, de force égale en tous sens; car lui, ni plus grand,

Ni plus petit, il n'est besoin qu'il soit d'une façon ou d'une autre.   45

Car ni non étant il n'est, ce qui l'empêcherait de parvenir

Au même, ni étant il est, – en sorte qu'il serait

D'une façon, plus qu'étant et d'une autre moins –, puisqu'il est tout-inviolable.

Car, de toute part, il se trouve égal à lui-même, tout comme en ses confins[1].

J'arrête en ce point, pour toi, ce discours persuasif, ainsi que cette pensée   50

Au pourtour de la vérité; à partir d'ici, les opinions mortelles

Comprends-les en entendant bien l'agencement fallacieux de mes paroles.

Car ils ont proposé deux approches pour nommer les formes,

Dont l'une n'est pas nécessairement « est », et c'est en quoi en errance ils sont.

Ils ont distingué l'apparence globale en contraires et ont établi des signes   55

Séparés les uns des autres, et ce faisant, notamment, le feu éthéré des rayons flamboyants,

Qui est doux, vaste, léger, de tous côtés le même que lui-même,

Et non pas le même que le différent; mais donc aussi, relativement à celui-là même,

Ses contraires, la nuit sans enseignement, enveloppe épaisse et lourde.

---

1. Pour l'interprétation parénétique des vers 43-49, voir p. 118-123.

60   τόν σοι ἐγὼ διάκοσμον ἐοικότα πάντα φατίζω,
    ὡς οὐ μή ποτέ τίς σε βροτῶν γνώμη παρελάσσῃ.

FRAGMENT 9 DK

αὐτὰρ ἐπειδὴ πάντα φάος καὶ νὺξ ὀνόμασται
καὶ τὰ κατὰ σφετέρας δυνάμεις ἐπὶ τοῖσί τε καὶ τοῖς,
πᾶν πλέον ἐστὶν ὁμοῦ φάεος καὶ νυκτὸς ἀφάντου
ἴσων ἀμφοτέρων, ἐπεὶ οὐδετέρῳ μέτα μηδέν.

FRAGMENT 10 DK

1   εἴσῃ δ᾽ αἰθερίαν τε φύσιν τά τ᾽ ἐν αἰθέρι πάντα
    σήματα καὶ καθαρᾶς εὐαγέος ἠελίοιο
    λαμπάδος ἔργ᾽ ἀίδηλα καὶ ὁππόθεν ἐξεγένοντο,
    ἔργα τε κύκλωπος πεύσῃ περίφοιτα σελήνης

Cela, de moi à toi, je le profère comme un bon   60
agencement[1] semblable en toutes ses parties,

Afin que jamais aucun jugement des mortels ne passe hors de ta portée.

FRAGMENT 9 DK

Alors, une fois que toutes les choses ont été nommées « nuit » et « lumière »,

Et ce, en fonction de leurs valeurs[2] dans telles et telles situations,

Tout est plein, à la fois de lumière et de nuit sans lumière,

Les deux s'égalant, puisque au sein d'aucun des deux il n'est rien.

FRAGMENT 10 DK

Tu sauras aussi bien la nature de l'éther que tout ce qui   1
dans l'éther

Est signe, et du pur flamboiement du soleil

Parfait, les œuvres souterraines[3] et d'où elles sont issues,

Et les œuvres du globe rond de la lune, en va-et-vient circulaire, tu connaîtras,

---

1. *Cf.* p. 111 et 114.

2. Si ce nom d'action, dérivé majeur du verbe δύναμαι, désigne de façon générale la « force », ses possibilités d'emploi, d'une part, nous enseignent que cette signification n'est pas sans rapport avec celle de « valeur » et celle d'« efficacité », et la racine indo-européenne *duh_2-/ *$dueh_2$-*, d'autre part, dont semble être issue la famille, nous révèle que ce sens de « force » a pu également s'associer, bien que le lien sémantique ne soit pas linguistiquement évident, à la notion originelle de « durée ». Voir *DELG* s. v. δύναμαι, p. 288.

3. Cette traduction d'ἀίδηλα pourrait surprendre, mais il me semble qu'elle permet de conserver ensemble les deux sens de l'adjectif, le passif « invisible », et l'actif « qui fait disparaître, qui détruit ».

5 καὶ φύσιν, εἰδήσεις δὲ καὶ οὐρανὸν ἀμφὶς ἔχοντα
ἔνθεν [μὲν γὰρ] ἔφυγε καὶ ὥς μιν ἄγουσ(α) ἐπέδησεν[1]
ἀνάγκη πείρατ' ἔχειν ἄστρων.

FRAGMENT 11 DK

πῶς γαῖα καὶ ἥλιος ἠδὲ σελήνη
αἰθήρ τε ξυνὸς γάλα τ' οὐράνιον καὶ Ὄλυμπος
ἔσχατος ἠδ' ἄστρων θερμὸν μένος ὡρμήθησαν
γίγνεσθαι.

FRAGMENT 12 DK

1 αἱ γὰρ στεινότεραι πλῆντο πυρὸς ἀκρήτοιο,
αἱ δ' ἐπὶ ταῖς νυκτός, μετὰ δὲ φλογὸς ἵεται αἶσα·
ἐν δὲ μέσῳ τούτων δαίμων ἣ πάντα κυβερνᾷ·
πάντων γὰρ[2] στυγεροῖο τόκου καὶ μίξιος ἄρχει
5 πέμπουσ' ἄρσενι θῆλυ μιγὲν[3] τό τ' ἐναντίον αὖτις
ἄρσεν θηλυτέρῳ.

1. Je choisis de conserver le texte tel que transmis par les manuscrits de Clément, même si le v.7 présente quelques difficultés métriques. Selon N. L. Cordero (1997, p. 31), Scaliger a proposé l'éviction de μὲν γὰρ et Sylburg, ἔφυ τε de préférence à ἔφυγε. Ce sont ces corrections que retiennent, notamment, B. Cassin (1998, p. 100), J. Bollack (2006, p. 263) et A. H. Coxon (2009, p. 85): ἔνθεν ἔφυ τε καὶ ὥς μιν ἄγουσ' ἐπέδησεν ἀνάγκη.

2. C'est la leçon d'un des manuscrits de Simplicius. L'édition Diels-Kranz garde πάντα en ajoutant <ἤ> après γάρ. A. H. Coxon (2009, p. 91) propose πάντη γάρ.

3. Comme J. Bollack (2006, p. 236-237), je préfère garder la leçon qu'on trouve chez Simplicius, plutôt que d'adopter la correction de Stein et Bergk par μιγῆν. Rien, en effet, ne peut nous assurer définitivement que cette leçon, comme le considère A. H. Coxon (2009, p. 6), soit l'un des cinq passages « probablement ou certainement faux » du texte de Simplicius.

Ainsi que sa nature, et tu sauras aussi, le ciel qui se tient de   5
part en part,

    <D'où il a bien dû s'échapper et comment l'a guidé et l'a
lié

    La nécessité pour qu'il tienne les limites des astres.>

FRAGMENT 11 DK

          comment la terre et le soleil aussi bien que la lune
Et l'éther commun et le lait du ciel et l'Olympe
Extrême, en même temps que la chaleur vive [1] des astres,
ce sont élancés

    Pour advenir.

FRAGMENT 12 DK

Car les plus étroites [2] sont remplies de feu sans mélange,   1

    Celles qui viennent ensuite, de nuit, et après cela, s'élance
la part due à la flamme ;

    En leur centre est la divinité qui gouverne tout ;

    Car de tout, elle commande le lamentable engendrement et
la mixtion

    Étant cause de ce que le femelle est mêlé au mâle, et de   5
cela, encore une fois en inversant,

    Que le mâle l'est au genre femelle [3].

---

1. Μένος désigne fondamentalement un principe de vie. C'est cet aspect
que j'ai voulu exprimer, tout en faisant écho à l'emploi explétif qu'il a souvent,
en diction épique, pour désigner un héros.

2. Il s'agit des « couronnes » du *kosmos* dont parlent différents
témoignages anciens.

3. On sait que le suffixe *-tero-, qui a servi à former en grec le comparatif
de la plupart des adjectifs, marque à l'origine l'« opposition » et la « différence », et que la forme θηλύτερος est précisément le plus illustre témoignage
de cette ancienne fonction. *Cf.* Chantraine 1961, p. 112-113, § 119.

FRAGMENT 13 DK

πρώτιστον μὲν Ἔρωτα θεῶν μητίσατο πάντων

FRAGMENT 14 DK

νυκτιφαὲς περὶ γαῖαν ἀλώμενον ἀλλότριον φῶς

FRAGMENT 15 DK

αἰεὶ παπταίνουσα πρὸς αὐγὰς ἠελίοιο.

FRAGMENT 16 DK

ὡς γὰρ ἑκάστοτ' ἔχει κρᾶσιν μελέων πολυπλάγκτων[1],
τὼς νόος ἀνθρώποισι παρίσταται[2]· τὸ γὰρ αὐτό
ἐστιν ὅπερ φρονέει μελέων φύσις ἀνθρώποισιν

---

1. Pour ce vers, j'ai préféré à la leçon ἕκαστος l'adverbe ἑκάστοτε, présent à la fois chez Aristote et chez Théophraste, et j'ai gardé le πολυπλάγτων de Théophraste.
2. C'est cette forme du verbe au moyen, propre aux manuscrits d'Aristote, que préfère l'édition Diels-Kranz. Les manuscrits de Théophraste présentent le parfait παρέστεκε, auquel les éditeurs doivent nécessairement ajouter le ν éphelsistique.

FRAGMENT 13 DK

Eros fut le premier des dieux que son esprit machina [1]

FRAGMENT 14 DK

Éclat de la nuit, errant autour de la terre, étrangère lumière

FRAGMENT 15 DK

Cherchant toujours [2] du regard les rayons du soleil [3]

FRAGMENT 16 DK

Car, de même qu'à chaque fois il y a maintien [4] du mélange uniforme des membres partout errants

De même la pensée pour les hommes se tient garante [5] ; car c'est du même

« Est » que la nature des membres est animée [6], pour les hommes,

1. Pour l'interprétation de ce vers en termes de réciprocité dialogique, voir p. 138-140.

2. À propos de la notion d'« éternité » – ici et dans l'ensemble du poème – entre νῦν et αἰών, voir la n. 1, p. 87-88.

3. Pour l'interprétation du fragment, voir les notes p. 88 et 105.

4. J'interprète la 3eS du verbe non seulement dans son sens fort, mais encore comme un impersonnel. Il n'est pas besoin de préciser que mon commentaire laisse entendre qu'ἐστι pourrait ne pas y être pas pour rien. Cf. p. 104.

5. Παρίσταμαι, suivi du datif, signifie en premier lieu, « se tenir aux côtés », pour porter assistance.

6. Je prends ici φρονέω dans son sens intransitif d'« avoir la faculté de penser et de sentir », c'est-à-dire « être animé ». Le pronom relatif ὅπερ serait alors un accusatif de relation. « Être animé » s'entend, ici, comme « respirer » au sens figuré d'« être habité par ». En effet, si l'identification anatomique de l'organe φρήν – nom-racine dont dérive, au degré o, le verbe φρονέω – pose toujours de nombreux problèmes, il est incontestable que celui-ci, dans la conception ancienne, joue un rôle essentiel dans le fonctionnement de la

καὶ πᾶσιν καὶ παντί· τὸ γὰρ πλέον ἐστὶ νόημα.

FRAGMENT 17 DK

δεξιτεροῖσιν μὲν κούρους, λαιοῖσι δὲ κούρας

FRAGMENT 18 DK

1   femina virque simul veneris cum germina miscent
    venis, informans diverso ex sanguine virtus
    temperiem servans bene condita corpora fingit.
    nam si virtutes permixto semine pugnent
5   nec faciant unam permixto in corpore, dirae
    nascentem gemino vexabunt semine sexum.

Comme pour toutes les choses, comme pour le tout; car pour la plus grande partie [1], « est » la pensée [2]

FRAGMENT 17 DK

Dans les parties de droite, des garçons, dans celles de gauche, des jeunes filles

FRAGMENT 18 DK

Lorsque la femme et l'homme ensemble mêlent les semences de l'amour   1

En leurs veines, une puissance façonnante, issue d'un sang diversifié,

En assurant un bon mélange, fabrique des corps bien bâtis.

De fait, s'il arrive que des puissances s'affrontent en une engeance sur-mêlée

Et qu'elles ne parviennent pas à l'unité en un corps sur-mêlé, terribles,

Elles tourmenteront d'une semence dédoublée le sexe en train de naître.

---

respiration humaine. En tant que siège de la « matière consciente » (le θυμός), il produit aussi l'ardeur, le courage, la fureur. Or, en grec comme en français, de l'expression « respirer fort sous l'effet de la fureur (ou du courage en acte) » au syntagme « respirer la fureur », la distance est assez mince, d'autant plus que le complément d'objet se conçoit fort bien comme un accusatif de relation. P. N. Lockhart, par ailleurs, a remarquablement démontré que, dans certaines formules de l'*Iliade*, en particulier μέγα φρονέων, le verbe φρονέω « suggests more of an external image of audible breathing than an internal mood of high spirits ». *Cf.* Lockhart 1966, p. 100-101. Pour le rapport organique entre les φρένες et le θυμός, voir Onians 1999, § 48-51, p. 69-71, φρήν renvoyant vraisemblablement à l'idée de « poumon » (notamment § 27-28, p. 43-44).

1. En diction épique, πλεῖον et πλέον sont employés indifféremment.

2. Ou plus précisément, avec un ἐστι plus manifestement autonymique, « "est" est la pensée ».

Fragment 19 DK

οὕτω τοι κατὰ δόξαν ἔφυ τάδε καί νῦν[1] ἔασι
καὶ μετέπειτ᾽ ἀπὸ τοῦδε τελευτήσουσι τραφέντα·
τοῖς δ᾽ ὄνομ᾽ ἄνθρωποι κατέθεντ᾽ ἐπίσημον ἑκάστῳ.

1. Je donne ici le texte de N. L. Cordero qui, contrairement à H. Diels et W. Kranz, choisit la forme accentuée νῦν correspondant à la leçon des manuscrits de Simplicius. Elle me semble préférable en ce qu'elle a l'avantage de mettre mélodiquement en exergue le début du mot ἔασι. Pour la justification de ce choix, voir les notes p. 100 et 101.

FRAGMENT 19 DK

Ainsi, pour toi par rapport à l'opinion, ces choses-ci sont naturellement, mais [1] en outre, à la fois, *maintenant* elles *sont*,

et par la suite, une fois nourries à partir de ceci, elles s'achèveront parfaitement.

Or, à leur sujet, les hommes ont proposé un nom comme sur-signe pour chacune d'entre elles [2]

---

1. Considérant καί dans un emploi particulièrement intensif, il faut comprendre « mais » dans son sens étymologique, non adversatif, comme appui prosodique, en quelque sorte, d'« en outre ».

2. Pour l'interprétation de ce fragment, voir p. 100-105. La traduction de N. L. Cordero est la suivante : « Ainsi sont nées ces choses selon l'opinion, et elles sont présentes maintenant. / Et après, une fois développées, elles mourront. / Pour chacune les hommes ont établi un nom distinctif ». *Cf.* Cordero 1997, p. 34 et 42. Pour d'autres traductions plus traditionnelles, voir également Cassin 1998, p. 117, et Bollack 2006, p. 230.

BIBLIOGRAPHIE

Liste des abréviations

ABG	*Archiv für Begriffsgeschichte : Bausteine zu einem historischen Wörterbuch der Philosophie*
BSL	*Bulletin de la Société de linguistique de Paris*
ConnHell	*Connaissance hellénique*
CQ	*Classical Quarterly*
CPh	*Classical Philology*
DELG	CHANTRAINE 2009
DK	DIELS, KRANZ 1951-1952
InL	*Incontri Linguistici*
JA	*Journal asiatique*
LIV	RIX 2001
MSS	*Münchener Studien zur Sprachwissenschaft*
NIL	WODTKO, IRSLINGER, SCHNEIDER 2008
REG	*Revue des études grecques*
RPhA	*Revue de Philosophie Ancienne*
RPR	RIEGEL, PELLAT, RIOUL 1994
TLF	IMBS, QUEMADA 1971-1994
W	WEST 1972

Se reporter à la bibliographie page 186.

ALONI (A.), IANNUCCI (A.) 2007, *L'elegia greca e l'epigramma dalle origini al V secolo. Con un'appendice sulla "nuova" elegia di Archiloco*, Firenze, Le Monnier, 2007.

ANNÉE (M.) 2010, «Pouvoir du *logos* et *logos* d'un pouvoir chez Tyrtée», *in* G. F. Gianotti (dir.) *Linguaggi del potere, poteri del linguaggio*, collana "Culture Antiche", Edizioni dell'Orso, Alessandria, 2010, p. 79-95.

ATWOOD WILKINSON (L.) 2009, *Parmenides and To Eon. Reconsidering Muthos and Logos*, London-New York, Continuum International Publishing Group, 2009.

AUBENQUE (P.) 1987, «Syntaxe et sémantique de l'être dans le poème de Parménide», dans P. Aubenque (dir.), *Études sur Parménide. Problèmes d'interprétation*, t. II, Paris, J. Vrin, 1987, p. 102-134.

BADER (F.) 2005, «Songes jumeaux de l'avestique et clé des songes aux portes jumelles de l'*Odyssée*», *JA*, 293, 2005, p. 393-457.

– 2006, «Bellérophon et l'écriture dans l'*Iliade*», *in* R. Bombi, G. Cifoletti, F. Fusco, L. Innocente, V. Orioles (eds.), *Studi linguistici in onore di Roberto Gusmani*, Alessandria, Edizioni dell'Orso, 2006, p. 43-71.

BARNES (J.) 1979, *The Presocratic philosophers*, vol. 1, London, Ted Honderich, 1979.

BENVENISTE (É.) 1937, «Expression indo-européenne de l'"éternité"», *BSL*, 38, 1937, p. 103-112.

– 1966a, «Actif et moyen dans le verbe», dans *Problèmes de Linguistique générale*, t. 1, Paris, Gallimard, 1966, p. 168-175

– 1966b, «Catégories de pensée et catégories de langue», dans *Problèmes de Linguistique générale*, t. 1, Paris, Gallimard, 1966, p. 63-74.

– 1966c, «La nature des pronoms», dans *Problèmes de Linguistique générale*, t. 1, Paris, Gallimard, 1966, p. 251-257.

– 1966d, «L'appareil formel de l'énonciation», dans *Problèmes de Linguistique générale*, t. 2, Paris, Gallimard, 1966, p. 79-88.

– 1966e, «Le langage et l'expérience humaine», dans *Problèmes de Linguistique générale*, t. 2, Paris, Gallimard, 1966, p. 67-78.

– 1966f, « Structure des relations de personne dans le verbe », dans *Problèmes de Linguistique générale*, t. 1, Paris, Gallimard, 1966, p. 225-236.

BÉRARD (J.), Goube (H.), Langumier (R.) 1992, *Homère. Odyssée*, Chants I, V à VII, IX à XII, XIV, XXI à XXIII, Paris, Hachette, 1992 (1re éd. 1952).

BLANC (A.) 2088, *Les contraintes métriques dans la poésie homérique : l'emploi des thèmes nominaux sigmatiques dans l'hexamètre dactylique*, Leuven-Paris, Peeters, 2008.

BOLLACK (J.) 1957, « Sur deux fragments de Parménide (4 et 16) », *REG*, 70, 1957, p. 56-71.

– 1965-69, *Empédocle, I, II, III*, Paris, Les Éditions de Minuit, 1965-1969, Gallimard, 1992.

– 2006a, « Parménide, un auteur », *RPhA*, 24, 1, 2006, p. 45-49.

– 2006b, *Parménide, de l'étant au monde*, Paris, Verdier, 2006.

—, Wismann (H.) 1972, *Héraclite ou la séparation*, Paris, Les Éditions de Minuit, 1972.

BONIFAZI (A.) 2004, « Communication in Pidar's Deictic Acts », *Arethusa* 37, 3, p. 391-414.

CALAME (C.) 1991, « *Mythe* et *rite* en Grèce : des catégories indigènes », *Kernos*, 4, 1991, p. 179-204.

– 2000, *Le récit en Grèce ancienne*, Paris, Belin, 2000.

CALOGERO (G.) 1967, *Storia della logica antica. Vol. I. L'età arcaica*, Bari, Laterza 1967.

– 1977, *Studi sull'Eleatismo. Nuova edizione accresciuta di due appendici*, Firenze, La Nuova Italia, 1977 (1re éd. 1932).

CARASTRO (M.) 2006, *La cité des mages. Penser la magie en Grèce ancienne*, Grenoble, Jérôme Millon, 2006.

CASSIN (B.) 1980, *Si Parménide*, Paris-Lille, Presses Universitaires de Lille-Maison des Sciences de l'Homme, 1980.

– 1995, *L'Effet sophistique*, Paris, Gallimard, 1995.

– 1998, *Parménide. Sur la nature ou sur l'étant. La langue de l'être ?*, Paris, Éditions du Seuil, 1998.

CERRI (G.) 1999, *Parmenide di Elea. Poema sulla natura*, Milano, Biblioteca Universale Rizzoli, 1999.

– 2008, « La sezione astronomica del poema parmenideo », *AION*, 30, 2008, p. 27-38.

CHANTRAINE (P.) 1933, *La Formation des noms en grec ancien*, Paris, Klincksieck, 1933, (2ᵉ éd. 1979).

– 1961, *Morphologie historique du grec ancien*, Paris, Klincksieck, 1961, (2ᵉ éd. 1991).

– 1963, *Grammaire homérique*, t. 1 : *Morphologie*, t. 2 : *Syntaxe*, Paris, Klincksieck, 1963.

— *et alii* 2009, *Dictionnaire étymologique de la langue grecque. Histoire des mots*, avec, en supplément, les *Chroniques d'étymologie grecque* (1-10) rassemblées par A. Blanc, Ch. de Lamberterie et J.-L. Perpillou, Paris, Klincksieck, 2009 (1ʳᵉ éd. 1968-1980).

COLLOBERT (C.) 1993, *L'être de Parménide ou le refus du temps*, Paris, Kimé, 1993.

CONCHE (M.) 1986, *Héraclite, Fragments*, Paris, P.U.F., 1986.

CORDERO (N.-L.) 1987, « L'histoire du texte de Parménide », dans P. Aubenque (dir.), *Études sur Parménide. Problèmes d'interprétation*, t. II, Paris, J. Vrin, 1987, p. 3-24.

– 1997, *Les deux chemins de Parménide*. Édition critique, traduction, études et bibliographie, Paris-Bruxelles, Vrin-Oussia, 1997 (1ʳᵉ éd. 1984).

COXON (A. H.), MCKIRAHAN (R. D.) (éd.) 2009, *The Fragments of Parmenides : A Critical Text with Introduction and Translation. The Ancient Testimonia and a Commentary (revised and expanded edition)*, Las Vegas / Zurich / Athens, Parmenides Publishing, 2009.

COULOUBARITSIS (L.) 2008, *La pensée de Parménide. En appendice, traduction du poème* (Troisième édition modifiée et augmentée de *Mythe et Philosophie chez Parménide*), Bruxelles, Éditions Ousia, 2008.

CRESPO (E.), CONTI (L.), MAQUIEIERA (H.) 2003, *Sintaxis del Griego clásico*, Madrid, Editorial Gredos, 2003.

CRESPO (E.), DE LA VILLA (J.), REVUELTA (A. R.) (éd.) 2006, *Word classes and related topics in ancient Greek*, proceedings of the Conference on Greek syntax and word classes, held in Madrid on 18-21, June 2003, Louvain-la-Neuve, Paris, Peeters, 2006.

CURD (P.) 2004, *The legacy of Parmenides. Eleatic monism and later Presocratic thought*. Princeton, Princeton University Press, 2004 (1re éd. 1998).

– 2006, « Gorgias and the Eleatics », *in* M. M. Sassi (éd.), *La costruzione del discorso filosofico nell'età dei Presocratici = The Construction of Philosophical Discourse in the Age of Presocratics*, Pisa, Edizioni della Normale, 2006, p. 183-200.

DARBO-PESCHANSKI (C.) 2011, « Le discours d'en-dessous. Rupture et continuité dans l'épopée », dans M.-L. Desclos (dir.), *Figures de la rupture, figures de la continuité chez les Anciens – Recherches sur la philosophie et le langage*, n° 27, 2011, p. 31-41.

DELATTRE (Ch.) 2007, « ῾ΗΜΙΘΕΟΣ en question : l'homme, le héros et le demi-dieu », *REG*, 120, 2007, p. 504

DESCLOS (M.-L.) 2001, « L'interlocuteur anonyme dans les Dialogues de Platon », dans F. Cossutta et M. Narcy (dir.), *La forme dialogue chez Platon*, Grenoble, Jérôme Millon, 2001, p. 69-97.

– 2003, *Aux marges des dialogues de Platon. Essai d'histoire anthropologique de la philosophie ancienne*, Grenoble, Jérôme Millon, 2003.

– 2006a, « Gorgias », dans J. Laurent et C. Romano (dir.), *Le Néant. Contribution à l'histoire du non-être dans la philosophie occidentale*, Paris, Presses Universitaires de France, 2006, p. 53-63.

– 2006b, « Les prologues du *Timée* et du *Critias* : un cas de rhapsodie platonicienne », *Études platoniciennes II*, 2006, p. 175-202.

– 2012a (à paraître), « Le partage privé/ public dans la *Collection* hippocratique », dans A. Macé (dir.), *L'invention du partage privé/public en Grèce ancienne. Pour une histoire de la perception des formes de la pratique sociale*, anthologie de textes avec traduction, introduction et notes, Grenoble, Jérôme Millon, 2012.

– Desclos 2012b (à paraître), *Question(s) d'écriture(s). La philosophie platonicienne au risque de l'écrit*, Paris, Les Belles Lettres, 2012.

DESTRÉE (P.) 2000, « La communauté de l'être (Parménide, fr. B 5) », *RPhA* 18, 1, 2000, p. 3-13.

DIELS (H.), KRANZ (W.) 1951-1952, *Die Fragmente der Vorsokratiker*, 3 vol., Zürich/ Dublin, Weidmann, 1951-1952 (6ᵉ éd.).

DROZDEK (A.) 2008, *In the beginning was the* apeiron. *Infinity in Greek Philosophy*, Stuttgart, Franz Steiner, 2008.

DUPONT (F.) 2001, *L'insignifiance tragique*, Paris, Gallimard, 2001.

EDMUNDS (L.) 2008, « Deixis in Ancient Greek and Latin Literature : Historical Introduction and State of the Question », *Philologia Antiqua* 1, 2008, p. 67-98.

FOURNIER (A.) 1946, *Les verbes « dire » en grec ancien*, Paris, Klincksieck, 1946.

GARCÍA DOMINGO (E.) 1997, « El infinitivo *einai* : ¿ de **ésnai* o de **esénai ?* », *in* Francisco R. Adrados, Alfonso Martínez Díez (éd.), *IX congreso español de estudios clásico, Madrid, 27 al 30 de septiembre de 1995. 2, Lingüística griega*, Madrid, Ed. Clásicas, 1997, p. 99-102.

GARCÍA-RAMÓN (J.-L.) 1997, « Infinitive im Indogermanischen ? Zur Typologie der Infinitivbildungen und zu ihrer Entwicklung in den älteren indogermanischen Sprachen », *InL*, 20, p. 45-69.

GRONINGEN (B. A. van) 1958, *La composition littéraire archaïque grecque*, Verhandelingen der Akademie van Wetenschappen, 65,2, Amsterdam, 1958.

HAUDRY (J.) 1968, « Les emplois doubles du datif et la fonction du datif indo-européen », *BSL*, 63, 1968, p. 141-159.

– 1977, *L'emploi des cas en védique. Introduction à l'étude des cas en indo-européen*, Lyon, Éditions l'Hermès, 1977.

HAVELOCK (E. A.) 1963, *Preface to Platon*, Oxford, Oxford University Press, 1963.

– 1966, « Pre-literacy and Pre-socratics », *Bulletin of Institute of Classical Studies*, 13, 1966, p. 44-67 (repris dans E. A. Havelock, *The Literate Revolution in Greece and its Cultural*

Consequences, Princeton, Princeton University Press, 1982, p. 220-260).

– 1983, « The Linguistic Task of the Presocratics », *in* K. Robb (éd.), *Language and Tought in Early Greek Philosophy*, Illinois, La Salle, 1983, p. 7-81.

HETTRICH (H.) 1984, « Zur historischen Syntax der nomina actionis im *Rgveda* : Der "doppelte Dativ" », *MSS*, 43, p. 55-106.

– 1990, « Rektionaler und autonomer Kasusgebrauch », *in* H. Eichner, H. Rix (éd.), *Sprachwissenschaft und Philologie. Jacob Wackernagel und die Indogermanistik heute. Kolloquium der Indogermanischen Gesellschaft vom 13. bis 15. Oktober 1988 in Basel*, Wiesbaden, J. Reichert, p. 82-99.

HOFFMANN (E.) 1925, *Die Sprache und die archaische Logik*, Tübingen, J.C.B. Mohr, 1925.

IMBS (P.), QUEMADA (B.) (dirs.) 1971-1994, *Trésor de la langue française. Dictionnaire de la langue du XIXᵉ et du XXᵉ siècles (1789-1960)*, Institut national de la langue française, Paris, Éditions du CNRS-Gallimard, 16 vol., 1971-1994.

JEDRKIEWICZ (S.) 2005, « Trois phrases nominales d'Héraclite », *RPhA*, 23, 2, 2005, p. 7-20.

JOURNÉE (G.) 2010, « Parménide B6, 1 et 8-9 DK. Grammaire, poésie, métaphysique », *REG* 123, 1, 2010, p. 397-424.

KAHN (Ch.) 1973, *The verb « be » in ancient Greek*, Dordrecht, Reidel, 1973.

– 2009, *Essays on Being*, Oxford-New York, Oxford University Press, 2009.

KURYLOWICZ (J.) 1977, « Le système des cas », *Problèmes de linguistique indo-européenne*, Polska Academia Nauk Komitet Jezykoznawstwa, Prace Jezykoznawcze, 90, 1977, p. 141-156.

KURZOVA (H.) 2006, « Syntactic Ambiguities in Presocratic Texts », *in* Crespo, De La Villa, Revuelta, 2006, p. 347-360.

LAKS (A.) 2002, « "Philosophes Présocratiques". Remarques sur la construction d'une catégorie de l'historiographie philosophique », dans A. Laks et C. Louguet (éd.), *Qu'est ce que la philosophie présocratique? What is presocratic philosophy?*, Lille, Presses Universitaires du Septentrion, 2002, p. 17-38.

– 2004, *Le vide et la haine. Éléments pour une histoire archaïque de la négativité*, Paris, Presses Universitaires de France, 2004

LAMBERTERIE (Ch. de) 1990, *Les adjectifs grecs en -υς. Sémantique et comparaison*, Louvain-la-Neuve, Peeters, 2 tomes, 1990.

LAMI (A.) 2005, *I Presocratici. Testimonianze e frammenti da Talete a Empedocle*, Milano, Bibioteca Universale Rizzoli, 2005 (1 re éd. 1991).

LANÉRÈS (N.) 1994a, « La phrase nominale en grec : nouvelle approche », *BSL*, 89, 1994, p. 229-254.

– 1994b, *Les formes de la phrase nominale en grec ancien : étude sur la langue de l'*Iliade, Paris, CREDO URA 1423 CNRS, Université Charles-de-Gaulle, Lille III, Université Denis-Diderot, Paris VII, 1994.

LEJEUNE (M.) 1945, *Précis d'accentuation grecque*, Paris, Hachette, 1945.

– 1987, *Phonétique historique du mycénien et du grec ancien*, Paris, Klincksieck, 1987, (1 re éd. 1972).

LOCKHART (P. N.) 1966, « φρονεῖν in Homer », *CPh* 61, 2, p. 99-102.

LUKINOVICH (A.), STEINRÜCK (M.) 2009, *Introduction à l'accentuation grecque ancienne*, Chêne-Bourg, Georg, 2009

MANSFELD (J.) 2000, « Presocratics Myth Doxography », *Phronesis*, 45, 4, p. 341-356.

MEIER-BRÜGGER (M.) 1992, *Griechische Sprachwissenschaft*, 2 vol., Berlin-New York, W. de Gruyter, 1992.

– 2003, *Indo-European Linguistics*, Berlin-New York, W. de Gruyter (trad. par Ch. Gertmenian de *Indogermanische Sprachwissenschaft*, 2002).

MESSINA (G.) 2007, « Λόγος come archetipo dell'idea di ragione » *in : Dalla Fisica di Senofane all'Empedocle di Strasburgo*, Studi di filosofia presocratica, Bari, Levante, 2007, p. 11-39.

MEYER (M. F.) 1999, « Die Bedeutungsgenese der Begriffe *Mythos* und *Logos* in der Griechischen Antike », *ABG*, 41, 1999, p. 35-63.

MOGYORÓDI (E.) 2006, «Xenophanes'epistemology and Parmenides'quest for knowledge», *in* M. M. Sassi (éd.), *La costruzione del discorso filosofico nell'età dei Presocratici = The Construction of Philosophical Discourse in the Age of Presocratics*, Pisa, Edizioni della Normale, 2006, p. 123-160.

MOIGNET (G.) 1981, *Systématique de la langue française*, Paris, Klincksieck, 1981.

MORPURGO DAVIES (A.) 1978, « Thessalian εἴντεσσι and the participle of the verb "to be" », in *Étrennes de septantaine. Travaux de linguistique et de grammaire compare offerts à Michel Lejeune par un groupe de ses élèves*, Paris, Klincksieck, 1978, p. 157-166.

MOURELATOS (A. P. D.) 2008, *The Route of Parmenides : revised and expanded edition with a new introduction, three supplemental essays, and an essay by Gregory Vlastos*, Las Vegas, Parmenides Pub., 2008 (1ʳᵉ éd. 1970).

NAGY (G.) 2000, *La poésie en acte, Homère et autres chants*, Paris, Belin, 2000 (trad. fr. de *Poetry as Performance, Homer and beyond*, Cambridge, Cambridge University Press, 1996).

–2006, «Hymnic Elements in Empedocles», *RPhA*, 24, 1, 2006, p. 51-62.

O'BRIEN (D.) 1987a, « L'être et l'éternité », dans P. Aubenque (dir.), *Études sur Parménide. Problèmes d'interprétation*, t. II, Paris, Vrin, 1987, p. 135-162.

–1987b, « Problèmes d'établissement du texte : la transmission du Poème dans l'Antiquité », dans P. Aubenque (dir.), *Études sur Parménide. Problèmes d'interprétation*, t. II, Paris, Vrin, 1987, p. 314-350.

ONIANS (R. B.) 1999, *Les origines de la pensée européenne. Sur le corps, l'esprit, l'âme, le monde, le temps et le destin*, Paris, éditions du Seuil, 1999 (traduction française de *The Origins of European Thoughts about the Body, the Mind, the Soul, the World, Time and Fate*, Cambridge University Press, 1951).

OWEN (G. E. L.) 1966, «Plato and Parmenides on the timeless present», *The Monist*, 50, 1966, p. 317-340 = A. Mourelatos (éd.),

The Pre-socratics, New York, Anchor Press- Doubleday, 1974, Princeton, (2ᵉ éd. 1993), p. 271-292.

PALÙ (Ch.) 2005, «L'écriture et les Présocratiques : analyse de l'interprétation de Eric Havelock », *RPhA*, 23, 2, 2005, p. 75-92.

PANAGL (O.) 1983, «Zum Synkretismus von Dativ und Lokativ Singular der konsonantischen -s- Stämme im Mykenischen », *in* A. Heubeck, G. Neumann (eds.), *Res Mỳcenaeae. Akten des VII. Internationalen Mykenologischen Colloquiums in Nürnberg vom 6.-10. April 1981*, Göttingen, Vandenhoeck & Ruprecht, 1983, p. 367-373.

PAPADIS (D. I.) 2005, « The concept of Truth in Parmenides », *RPhA*, 23, 1, 2005, p. 77-96.

PAPADOPOULOU (I.) 2005, «Introduction : "La langue poétique des sages présocratiques. Tradition et création" : contributions corhaliennes », *RPhA*, 23, 2, 2005, p. 3-5.

– 2006, «Poètes et *(philo)sophoi* : Pour une archéologie de la *mimesis* », *RPhA*, 24, 1, 2006, p. 3-16.

PARRY (M.) 1928, *L'épithète traditionnelle dans Homère. Essai sur un problème de style homérique*, Paris, Les Belles Lettres, 1928.

PARRY (A.) (éd.) 1971, *The Making of Homeric Verse : The collecting Papers of Milman Parry*, Oxford, Oxford University Press, 1971.

PASSA (E.) 2009, *Parmenide : tradizione del testo e questioni di lingua*, Seminari romani di cultura greca, Quaderni 12, Roma, Edizioni Quazar, 2009.

PINKSTER (H.) 1990, *Latin syntax and semantics*, London-New York, Routledge (trad. par H. Mulder de *Lateinische Syntax und Semantik*, Tübingen, 1988).

RENAUD (J. M.) 2005, « La tradition épique avant Homère : l'apport de l'infinitif *einai* », *ConnHell*, 103, 2005 p. 32-38.

RIEGEL (M.), PELLAT (J.-C.), RIOUL (R.) 1994, *Grammaire méthodique du français*, Paris, P.U.F., 1994.

RISCH (E.) 1974, *Wortbildung der homerischen Sprache*, Berlin-New York, 1974, (1ʳᵉ éd. 1973).

– 1982, «Ein Problem des griechischen Verbalparadigmas : Die verschidenen Formen der 3. Person Plural », *in* J. Tischler (ed.),

Serta Indogermanica, Festschrift für Günter Neumann zum 60. Geburtstag, Innsbruck, Inst. für Sprachwiss. d. Univ. Innsbruck, p. 321-334.

RIX (H.) 2001, *et alii*, *Lexikon der indogermanischen Verben, Die Wurzeln und ihre Primärstammbildungen*, Wiesbaden, Dr. Ludwig Reichert Verlag, 2001 (1re éd. 1998).

ROBBIANO (Ch.) 2006, *Becoming Being: On Parmenides' Transformative Philosophy*, International Pre-Platonic Studies v, 5, Sankt Augustin, Academia, 2006.

ROSSETTI (L.) 2010, «La structure du poème de Parménide», *Philosophie antique (Problèmes, Renaissances, Usages)* 10, 2010, p. 187-226.

RUBEN (T.) 2007, «L'être, la pensée et les liens du discours: structure et argumentation du fr. 8, 1-49 D-K de Parménide», *Mètis* 5, 2007, p. 163-184.

SELLMER (S.) 1998, *Argumentationsstrukturen bei Parmenides*, Bern, Peter Lang, 1998.

SERBAT (G.) 1988, *Linguistique latine et linguistique générale*, Louvain-la-neuve, Peeters, 1988.

– 1996, *Grammaire fondamentale du latin*, t. VI, *L'emploi des cas en latin*, vol. I: *Nominatif, accusatif, génitif, datif*, Louvain/ Paris, Peeters, 1996.

SORABJI (R.) 1983, *Time, creation and the continuum, theories in antiquity and the early middle ages*, London, Duckworth, 1983.

STEELE (L. D.) 2002, «Mesopotamian Elements in the Proem of Parmenides? Correspondances between the Sun-Gods Helios and Shamash», *CQ*, 52, 2, 2002, p. 583-588.

STEINRÜCK (M.) 2006, «La forme figurative et le vers de Parménide», *RPhA*, 24, 1, p. 17-24.

– 2007, *À quoi sert la métrique? Interprétation littéraire et analyse des formes métriques grecques: une introduction*, Grenoble, Jérôme Millon, 2007.

STEVENS (A.) 2006, «Parménide», dans J. Laurent et C. Romano (dir.), *Le Néant. Contribution à l'histoire du non-être dans la philosophie occidentale*, Paris, Presses Universitaires de France, 2006, p. 31-40.

STÜBER (K.) 2000, « Zur Herkunft der altindischen Infinitive auf *sani* », *MSS*, 60, p. 135-167.

THANASSAS (P.) 2007, *Parmenides, Cosmos and Being : A Philosophical Interpretation*, Milwaukee, WI, Marquette University Press, 2007.

TORGERSON (T. P.) 2006, « The εἰδὼς φώς and the traditional Dichotomy of divine and mortal Epistemology », *RPhA*, 24, 1, 2006, p. 25-43.

VERNANT (J. P.) 1974, *Mythe et société en Grèce ancienne*, Paris, La Découverte, 1974.

VEYNE (P.) 1983, *Les Grecs ont-ils cru à leurs mythes ?*, Paris, Éditions du Seuil, 1983.

WERSINGER (A.-G.) 2008, *La sphère et l'intervalle. Le schème de l'Harmonie dans la pensée des anciens Grecs d'Homère à Platon*, Grenoble, Jérôme Millon, 2008.

WEST (M. L.) 1972, *Iambi et Elegi Graeci ante alexandrum cantata*, Oxford, Oxford University Press, 2 tomes, 1972.

– 2007, *Indo-European Poetry and Myth*, Oxford, Oxford University Press, 2007.

WODTKO (D. S.), IRSLINGER (B.), SCHNEIDER (C.) 2008, *Nomina im Indogermanischen Lexikon*, Heidelberg, Winter, 2008.

INDEX DES AUTEURS
(anciens et modernes)

INDEX DES PASSAGES CITÉS

INDEX DES MOTS GRECS

TABLE DES MATIÈRES

PARMÉNIDE
FRAGMENTS *POÈME*

ACHEVÉ D'IMPRIMER
EN FÉVRIER 2012
PAR L'IMPRIMERIE
DE LA MANUTENTION
À MAYENNE
FRANCE
N° 847060Y

Dépôt légal : 1er trimestre 2012